王志成・葉紘宙著・葉紘宙繪畫

趣味的部首・下冊・

文史哲出版社印行

趣味的部首・下冊・目錄

《談小學生常用的部首》

王志成

一、前言

教育部於八十二年九月公布的《國民小學國語課程標準》（註一）中，有「（四）認識字、詞典。」（註二）、「（三）使用字、詞典。」（註三）、「8工具書的認識和使用。」（註四）、「17各種工具書籍和圖書館的應用，要從第三、四學年起開始指導，每個人並應自備字典或詞典。」（註五）、「3指導兒童翻閱字典、詞典時，要注意檢閱方法和選擇字義的指導。」（註六）等項目規定。由此可見教育最高當局對小學生是否會熟練、利用字、詞典的重視。

小學生從要認識字、詞典到會利用字、詞典。必須經過老師的辛勤教導以及學生的努力自我學習。無疑的，字、詞典的查字法和如何從字、詞典中挑選正確的字義是兩大問題。字、詞典的查字法有音序查字法、部首查字法、筆畫查字法、四角號碼查字法（不適國小學生）。本文所要論述的是有關常用的部首，所以字、詞典的查字法和如何從字、詞典中挑選正確的字義，並不是本文主旨所在，故不予以探討。本文試從部首意義、部首分部緣由，部首與偏旁之關係論述，進而探討常用之部首。

二、部首意義與分部緣由

字典、詞典根據漢字字形結構，取其相同

部分，分部排列，並作為查字依據，其相同部分稱為「部首」，如「人部」、「口部」、「木部」。把「相同部分」來「分部排列」是有目的，如「水部」的字排列在一起，即表示這些字是和「水」有關，也就是和「字義」有密切關係。所以，部首是打開字義的鑰匙，只要小學生能掌握部首，可以說對字義已初步認識了大半。從識字方面來說，小學生掌握、明白初步字義，進而正確掌握字形，可以減少學習障礙，避免錯別字的出現，如「小妹妹正在嚎（　）大哭。」有淘、啕、掏、萄、綯等五字供小學生選擇。經老師分析部首意義、解說後，小學生也會明白字義。原來「淘」是「氵（水）部」，和水有關。「啕」是「口」部，和口有關。「掏」是「扌（手）部」，和手有關。「萄」是「艸」部，和草有關。「綯」是「糸」部，和糸有關。那麼「小妹妹正在嚎（　）大哭。」當然和口有關，應該選擇「啕」。

東漢許慎編著《說文解字》是我國第一部系統分析字形的字典，字形以篆體為主，在字典裡他把九三五三個漢字按形體和偏旁構造，分列為五百四十部，五百四十部太多，查找很不方便，分法也不夠科學。經過長時期的使用，漢字的字形漸漸從篆體而演變成楷體，因此，到了明代梅膺祚撰寫《字彙》便是把五百四十部首簡化成二百一十四部，以楷體為主，部居以筆畫的多寡作為分部的次第，自一畫到十七畫。清代康熙皇帝命張玉書、陳廷敬為總閱官、凌紹雯為纂修官編成《康熙字典》，因「收字多，形體備、音讀詳、音義博」之特色，流行很廣，影響很大，所以從清代一直到今，大多數字典、辭典的編排都採取二百一十四部首的方式。

三、部首與偏旁關係

偏旁是漢字合體字的構成成分。以前稱漢字中合體字左方為「偏」，右方為「旁」。現在有所不同，習慣上把合體字的左右、上下、外內統稱為「偏旁」，如「空」字的「穴」和「工」、「頭」字的「豆」和「頁」、「固」字的「口」和「古」。「穴」、「豆」、「口」表示意義，稱形旁，也稱形符；「工」、「頁」、「古」表示讀音，稱聲旁，也稱聲符。

在漢字的偏旁中，有些本身就是一個字，如「口」、「人」、「木」；有些已不成字，如「宀」、「冫」、「疒」。前者和部首的「字」一樣，在認知上容易混淆，以為部首就是偏旁，偏旁也就是部首，所以有釐清必要。部首和偏旁（指本身就是一個字）的「字」一樣，那麼部首是偏旁，偏旁也是部首；但部首和偏旁（指已不成字）的「字」不一樣，那麼部首不是偏旁，偏旁也不是部首。二者區別在此，所以不能把部首和偏旁視同等號。

另外，部首表示「同部的字」所表示的「詞義類別」，而偏旁則除了一部分表示「詞義類別」的以外，更多的是字的「表音成分」，如組成「位」、「什」兩個字的「人」、「立」、「十」都是偏旁，「人」是這兩個字所屬的部首，而「立」、「十」只是表音的偏旁而不是部首，所以也不能把部首和偏旁視同等號。

偏旁的數目比部首多，範圍也比部首廣。

四、如何找尋常用部首

常用部首如何去找尋，在實際上（一）可從現行的國民小學《國語》課（78至84年改編本）的生字，所構成的部首去統計、歸納，分析所得就是常用的部首，可是就78至84年改編本的《國語》課本來看，並沒有詳細說明編選生字的緣由，因此根據78至84年改編本《國語》課本生字來研究是不妥的。（二）在理論上．根據國民小學常用字字彙來研究、較為可行，國民小學常用字字彙大都是按照字頻來排列，字頻就是按照字的使用出現頻率多少排別的．頻率越高越排前面，反之，越後。

教育部曾委託國立編譯館進行國民小學常用字彙的研究，從民國八十二年十二月一日至八十四年十一月三十日止，完成《國民小學常用字彙研究字頻總表》表一及表二，表一採分音原則，所有表中出現之歧音異義皆視獨立單位，共五一七三字．表二採不分音原則，以表一為基礎，但各字若有分音，皆合為一個單位，頻次亦合計，共有四八九八字。本研究以字形為主，所以採用表二為主。《國民小學常用字彙研究字頻總表》至今，教育部末正式公布。

在表二的「說明6」有說明常用情形，原文如下：

6本表「常用情形」中的A.B.C.D.依「累積百分比」區分，標準如下：

A.：0%~90%

B.：90%~95%

C.：95%-99%

D.：99-~100%

此僅為本表表現頻次情形的描述，並非代表字級區分的結果。

根據此說明，把（一）A.：0%~90%（共有1072字）、（二）C.：0%~99%（共有2733字）的字頻表列為研究的主要原因是：（一）1072字是符合小學低年級識字的數量，且占90%。（二）2733字是符合小學生在小學六年的總數量。以下就1072、2733字頻表統計出的部首出現次數結果列表，主於1072~2733字頻統計表統計出的部首出現次數細表，因頁數太多，從略。

編號	字	1072字	2733字
1	口	55	141
2	人	55	123
3	水	42	142
4	木	40	112
5	心	34	89
6	手	32	146
7	言	31	69
8	糸	25	69
9	辵	25	59
10	女	23	59
11	艸	22	80
12	宀	22	44
13	土	19	51
14	攴	15	22
15	日	14	45
16	刀	14	33
17	頁	14	25
18	火	12	44
19	阜	12	34
20	貝	12	32
21	一	12	17
22	竹	11	34
23	广	11	22
24	囗	11	14
25	金	10	34
26	目	10	24
27	彳	10	23
28	力	10	21
29	肉	9	47
30	田	9	19
31	子	9	13
32	玉	8	25
33	衣	8	26
34	巾	8	19
35	示	8	18
36	雨	8	13
37	儿	8	12
38	隹	8	12
39	戈	8	11
40	禾	7	28

編號	字	1072字	2733字
41	大	7	17
42	寸	7	12
43	又	7	11
44	八	7	10
45	月	7	9
46	止	7	9
47	車	6	18
48	邑	6	16
49	十	6	10
50	走	6	10
51	方	6	8
52	見	6	7
53	犬	5	28
54	足	5	23
55	尸	5	17
56	食	5	16
57	門	5	14
58	穴	5	11
59	乙	5	7
60	二	5	7
61	夕	5	7
62	羊	5	7
63	行	5	7
64	曰	5	6
65	石	4	26
66	馬	4	18
67	耳	4	14
68	皿	4	13
69	欠	4	12
70	牛	4	12
71	弓	4	11
72	丿	4	7
73	卩	4	7
74	斤	4	7
75	工	4	6
76	白	4	6
77	立	4	6
78	干	4	5
79	入	4	4
80	里	4	4

編號	字	1072字	2733字
81	音	4	4
82	虫	3	34
83	酉	3	10
84	亠	3	7
85	丬	3	7
86	殳	3	7
87	网	3	7
88	虍	3	6
89	彡	3	5
90	戶	3	5
91	臼	3	5
92	冂	3	4
93	小	3	4
94	己	3	4
95	父	3	4
96	魚	3	4
97	冖	3	3
98	老	3	3
99	山	2	14
100	疒	2	14
101	羽	2	12
102	鳥	2	12
103	米	2	11
104	辛	2	6
105	鬼	2	6
106	矢	2	5
107	舟	2	5
108	身	2	5
109	爪	2	4
110	角	2	4
111	豕	2	4
112	骨	2	4
113	黑	2	4
114	亅	2	3
115	匕	2	3
116	毋	2	3
117	臣	2	3
118	至	2	3
119	襾	2	3
120	青	2	3

編號	字	1072字	2733字
121	厶	2	2
122	尢	2	2
123	氏	2	2
124	甘	2	2
125	生	2	2
126	非	2	2
127	門	2	2
128	鹿	2	2
129	厂	1	5
130	士	1	5
131	歹	1	5
132	風	1	5
133	丶	1	4
134	勹	1	4
135	匚	1	4
136	幺	1	4
137	髟	1	4
138	亅	1	3
139	凵	1	3
140	卜	1	3
141	巛	1	3
142	廴	1	3
143	斗	1	3
144	毛	1	3
145	气	1	3
146	片	1	3
147	瓦	1	3
148	内	1	3
149	缶	1	3
150	豸	1	3
151	辰	1	3
152	革	1	3
153	廾	1	2
154	文	1	2
155	爻	1	2
156	玄	1	2
157	癶	1	2
158	皮	1	2
159	而	1	2
160	自	1	2

編號	字	1072字	2733字
161	舛	1	2
162	艮	1	2
163	韋	1	2
164	香	1	2
165	麻	1	2
166	齊	1	2
167	齒	1	2
168	夊	1	1
169	支	1	1
170	无	1	1
171	比	1	1
172	爿	1	1
173	牙	1	1
174	用	1	1
175	色	1	1
176	血	1	1
177	長	1	1
178	面	1	1
179	飛	1	1
180	首	1	1
181	高	1	1
182	黃	1	1
183	鼠	1	1
184	鼻	1	1
185	龍	1	1
186	豆	0	5
187	耒	0	4
188	舌	0	4
189	瓜	0	3
190	匸	0	2
191	疋	0	2
192	赤	0	2
193	釆	0	2
194	麥	0	2
195	几	0	1
196	聿	0	1
197	谷	0	1
198	鬯	0	1
199	黍	0	1
200	鼓	0	1

編號	字	1072字	2733字
201	龜	0	1
202	彑	0	0
203	攵	0	0
204	屮	0	0
205	弋	0	0
206	矛	0	0
207	隶	0	0
208	韭	0	0
209	鬲	0	0
210	鹵	0	0
211	黹	0	0
212	黽	0	0
213	鼎	0	0
214	龠	0	0

由上表可知，從1072字適合低年級識字量來看，筆者試將部首字分為：一、二、三、四級，說明如下：

（一）一級部首：

1 口 2 人（亻） 3 水（氵） 4 木 5 心（忄⺗） 6 手（扌） 7 言 8 糸 9 辵（辶） 10 女 11 宀 12 艸 13 土 14 攴（攵） 15 刀（刂） 16 目 17 頁 18 一 19 火（灬） 20 貝 21 阜（左阝） 22 囗 23 广 24 竹 25 力 26 彳 27 目 28 金 （共28字）

（二）二級部首

1 子 2 肉 3 田 4 儿 5 巾 6 戈 7 玉 8 示 9 衣（衤） 10 隹 11 雨 12 八 13 又 14 大 15 寸 16 月 17 止 18 禾 19 十 20 方 21 見 22 走 23 車 24 邑 25 乙 26 二 27 夕 28 尸 29 曰 30 犬 31 穴 32 羊 33 行 34 足 35 門 36 食 （共36字）

（三）三級部首

1 丿 2 入 3 卩 4 工 5 干 6 弓 7 斤 8 欠 9 牛 10 白 11 皿 12 石 13 立 14 耳 15 里 16 音 17 馬 18 亠 19 冖 20 冂 21 冫 22 小 23 己 24 戶 25 殳 26 彡 27 父 28 网 29 老 30 臼 31 戶 31 虍 32 虫 33 酉 34 魚 （共34字）

（四）四級部首

1 亅 2 匕 3 厶 4 尢 5 山 6 毋 7 氏 8 爪 9 甘 10 生 11 疒 12 矢 13 米 14 羽 15 臣 16 至 17 舟 18 襾 19 角 20 身 21 豕 22 辛 23 青 24 非 25 骨 26 鬥 27 鬼 28 鳥 29 鹿 30 黑 31 丨 32 丶 33 凵 34 勹 35 匚 36 卜 37 厂 38 士 39 夊 40 巛 41 幺 42 廴 43 廾 44 彑 45 支

46 文 47 斗 48 旡 49 歹 50 比 51 毛 52 气 53 爻 54 爿
55 片 56 牙 57 玄 58 瓦 59 用 60 癶 61 皮 62 禸 63 缶
64 而 65 自 66 舛 67 艮 68 色 69 血 70 豸 71 辰 72 長
73 面 74 革 75 韋 76 風 77 飛 78 首 79 香 80 高 81 髟
82 麻 83 黃 84 鼠 85 鼻 86 齊 87 齒 88 龍

（共88字）

另外，儿、匸、瓜、疋、來、聿、舌、谷、豆、赤、釆、鬯、麥、黍、鼓、龜、夊、屮、戈、矛、隶、韭、鬲、鹵、黹、黽、鼎、龠等未出現過。

按使用頻度來說，筆者認為一、二級可列為常用部首，三級為次常用部首，四級為普通部首。從2733字符合小學生在小學六年的總數量來看，筆者認為上述(一)一級部首字，「一」、「口」改列為二級部首字。（二）二級部首字，「肉」、「玉」、「衣」、「禾」、「見」、「大」、「足」．改列為一級部首字。（三）三級部首字，「月」、「止」、「方」、「乙」、「二」、「夕」、「日」、「羊」、「行」改列為三級部首字。（四）三級部首字，「弓」、「欠」、「牛」、「皿」、「耳」、「馬」、「酉」改列為二級部首字。（五）三級部首字，「石」、「虫」改列為一級部首字。（六）四級部首字，「山」、「疒」、「干」、「羽」、「鳥」，改列為二級部首字。所以，1072字的一、二級常用部首字數完之後，再教弓、欠、牛、皿、馬、酉、石、虫、山、疒、米、羽、鳥等部首字，是比較符合學習2733字的需要。

五、結語

部首字，可說「大同小異」。更動情形（上述）已有說明。建議一、二級常用部首先教小學生認識、後使用，再教三、四級的次常用部首、普通部首，只要小學生掌握了漢字的部首，明白初步字義，有助於分析字形結構，也有助於查驗部首字典，進而提高識字能力。

註釋

註一：《國民小學課程標準》，教育部國民小學課程標準編輯審查小組，82年12月

註二：在「第一目標」中「貳分級目標之「一低年級目標」的「讀」項目中。頁54。

註三：在「第一目標」中「貳分級目標」之「二中年級目標」的「讀」項目中。頁55。

註四：在「第三教材綱要」中，參「讀書教材綱要」之「8工具書的認識和使用」。頁65。

註五：在「第四實施方法」中「二教學方法」之「（三）讀書」的17」項目中。頁83。

註六：在「第四實施方法」中「三教具設備及運用」之「（三）運用各項教具時，要注意下列各點」中。頁86。

（作者服務於新竹師範學院語文教育學系）

（原刊載於《國教世紀》八十八年六月十四~十九頁。）

第二類　常用部首

第（ㄉㄧˋ）二（ㄦˋ）類（ㄌㄟˋ）常（ㄔㄤˊ）用（ㄩㄥˋ）部（ㄅㄨˋ）首（ㄕㄡˇ）

（一）「水」，四畫，就是「流水」的意思。

圖示

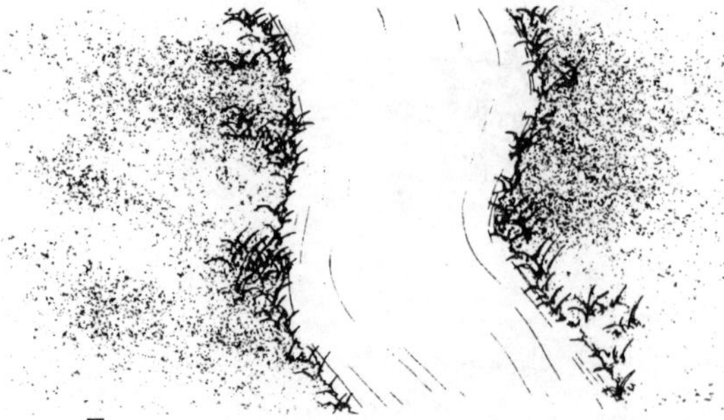

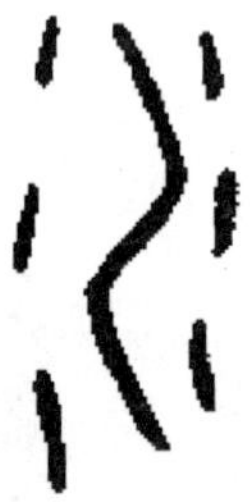

中央是水流

週圍的點是水紋

古代文字的形體演變

解說

從甲骨文、金文、篆文的形體看來，好像一條河流的樣子，水流上面還有水波的紋路呢！所以，「水」是個「象形字」。

從篆文的形體看來，有學者表示：中間連續的水紋曲線（⌇），表現出水流平緩的樣子，週圍的四短線（⌇⌇），表現出水流受到河岸泥石的影響，呈現出斷斷續續的樣子，真是生動的說明。

因此，用「水」組合的字，與「水」、「像水的液體物質」有關；如：水、永、泉、淼、沓、汁、氾、汀、汝、江、汗、污、池、汎、汕、求、泰。

用作部首時，有三種寫法：❶水；❷氵；❸氺。

查部首時，有三種情況：

❶字左有「氵」：汁、氾、汀、汝、江、汗、污、池、汎、汕。而「氵」就是「水」，這是因為「水」放在字的左半時，為了字的美觀，就改變原本的寫法；我們叫它做「三點水」，這種情況是最常見的。

❷字中有「水」：水、永、泉、淼、沓。

❸字下有「氺」：求、泰。但要注意，除非字中沒有其它部首可以用來查字時，有「氺」才可以查「水」部。

注意！「泉」的意思是洞穴流出來的水，也就是水流的源頭，後來改變筆劃時，上面才寫做「白」，不是查「白」部，查「水」部。

牛刀小試

(1)汝（　　）(2)吠（　　）(3)泉（　　）

(4)傘（　　）(5)泰（　　）。

（二）「木」，四畫，就是植物世界裡體形最高大的植物。

圖示

古代文字的形體演變

甲骨文
金文
篆文
隸書
楷書

解說

從甲骨文、金文、篆文的形體看來，都像一棵樹的形狀；如果細心去觀察一顆樹會發現，長得愈高大的樹木，不僅枝葉茂盛，樹幹粗大，下面的樹根也就愈大愈突出明顯；所以，甲骨文等古代文字形體就像是上有樹枝向左右突出、中間是樹幹、下面有向左右及向下生長的樹根，本義是「樹」的「象形字」。

因此，用「木」組合的字，跟「木本植物」、或「用木頭製作的物品」有關。如：札、朽、机、朴、村、材、杖、杜、杞、杉、杇、杌。

查部首時，有四種情況：

❶字左有「木」：朽、札、材、村、杜、杖、杉、杭、枕、杷、枇、枝、林、杯、板、松、析、柿、柱、枯、柵、柄、柑、枴、柚、柏、柳、校、核、框、根、桔、栩、梳、桐、格、桃、株、栓、梯、桿、桶、梱、梗、械、梃、梅、條、棺、棕、椅、棟、棵、棧、棒、棲、棋、棍、植、棉、棚、楷、極、椰、概、楊、楓、楹、榜、榕、槁、槓、構、榻、槍、樣、樁；我們叫它做「木字旁」或「木部旁」。

❷字下有「木」：朵、果、染、柔、某、架、案、栗、桌、桑、栽、柴、桀、梁、棄、梨、梟、棠、業、榮、槳、樂。

❸字上有「木」：李、杏、杳、杰、查、梵、森、楚、樊。

❹字中有「木」：木、本、未、末、朱、束、東、柬、棘、棗。

注意！「朮」也是「木」部的字，要小心。

牛刀小試

(1) 杜（　　）(2) 叩（　　）(3) 你（　　）
(4) 杞（　　）(5) 來（　　）。

（三）「糸」，六畫，是製造衣服的材料。

圖示

上下有線結的絲線

古代文字的形體演變

解說

從甲骨文、金文的形體看來，「糸」就是一束上下打好捆結、捆結後還有餘絲的絲線；篆文的形體把上面的繩結省略了；換句話說，就是整理好的一把線團；它是個「象形字」。

因此，用「糸」組合的字，與「絲麻」、「絲麻製品」、「顏色」有關；如：糸、系、素、糾、紀、約、縣、縢、繇、纛。

查部首時，有三種情況：

❶字左有「糸」：糾、紉、紇、約、紗、純、紐、級、紜、納、紙、紛、絆、紘、統、紹、紼、紬、紳、組、終、絞、結、絨、絕、絲、絡、給、絢、經、絹、綑、綁、綏、綻、綰、綜、綽、綾、綠、綴、網、綱、綺、綢、綿、綸、緒、緇、締、練、緯、緻、緘、緬、緝、編、緣、線、緞、緩、縋、縊、縑、縛、縮、績、繆、縷、縲、繃、縫、總、縱、繅、織、繕、繞、繚、繡、繹、繩、繪、繽、繼、纏、續、纓、纖、纜；我們叫它做「絞絲兒」、「絞絲旁」、「亂絞絲」，一般稱做「糸字旁」。

❷字下有「糸」：素、索、紮、紫、絮、緊、縈、繁、繫；可叫它做「糸部底」或「下糸部」。

❸字右有「糸」：縣。

注意！❶以下也是「糸」部的字：「辮、繭、系、紊、累、纂」。❷另外，只要字左是「糸」，即使右半是部首，仍然查「糸」部，如：紂、紅、紀、紡、紋、紕、細、綵、維。

牛刀小試

(1)泰（　）(2)您（　）(3)紅（　）

(4)系（　）(5)拳（　）。

（四）「宀」，三畫，就是一間房子的正面形狀。

圖示

像有屋脊、屋檐的房屋

古代文字的形體演變

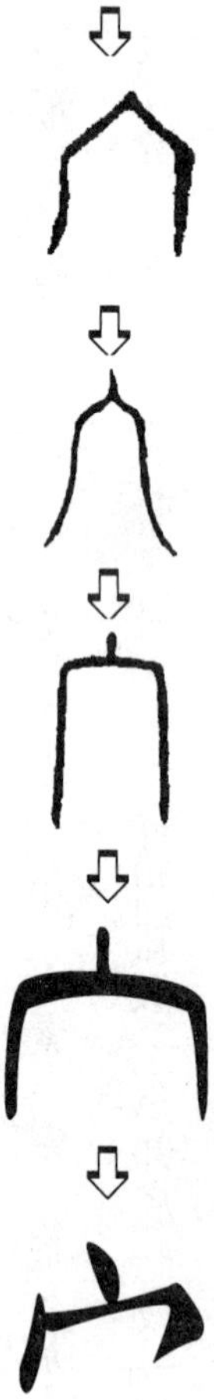

甲骨文

金文

篆文

隸書

楷書

解說

從甲骨文、金文、篆文三者的形體看來，就是四面有牆壁和樑柱、上面有左右傾斜的屋簷、頂端有一個屋脊的屋頂、中央有廳堂與房間的正視房屋的形象，是個「象形字」。

古代的學者認為這是能夠容納許多物品的地方，一般叫做「房屋」，所以，可以容納「豕（豬）」叫「家」，可以容納「女」叫「安」，可以容納「牛」叫「牢」等等。

因此，用「宀」組合的字，與「房屋」有關；如：宇、守、宅、安、完、宋、宏、宗、定。

查部首時，只要字的上部只要不是「穴」，不是「冖」，而是「宀」時，就可以查「宀」部，如：家、定、實、安、完、它、寫、容、害、宗、官、客、守、宮、宋、察、室、密、寬、富、寒、寧、宜、宣、寄、寇、宇、宵、宴、宿、宏、宰、寂；我們叫它做「寶蓋兒」或「寶蓋頭」。

以下有三點必須注意！

❶有些字雖然是「宀」部的字，但不一定都和「房屋」的意思有關；如：「它」，其實是「蛇」；「寅」是「矢」，箭的意思；這是因為字形在演變時才變成一樣的，因此，要了解真正的意思，必須查明字典才可以，但這並不影響查詢。

❷另外，「宀」一般並不單獨做一個字來使用，而是和其它字組合使用的。

❸不要把「冖」、「穴」和「宀」弄錯了。

牛刀小試

(1)汝（　）(2)想（　）(3)抬（　）

(4)拿（　）(5)謄（　）。

（五）「艸」，六畫，就是「草」。

像草叢生的樣子

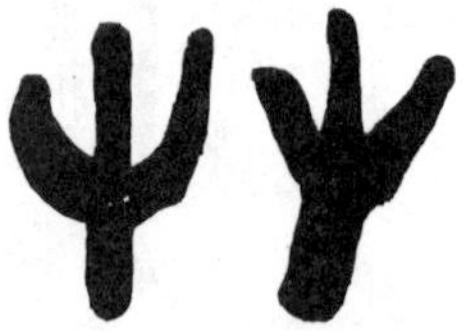

圖示

古代文字的形體演變

甲骨文

金文

篆文

隸書

楷書

解說

一根草是「屮」，是草的原本樣子，是個「象形字」；現在有兩根草，寫作「艸」，用來表示雜草叢生，可以從甲骨文、金文、篆文三者的形體來了解，所以「艸」是「會意字」。

不過，也有學者以為「艸」也是「草」的意思，本來並沒有從數量上去分別，所以，「艸」也是「象形字」；只不過後人硬是加以劃分、區別，就變成了「會意字」。

而用「艸」組成的字，跟「草本植物」有關係；如：艾、芋、芒、芍、芎、芃、芊、芄、花、芳、芽、芝、艸、茻。

用作部首時，寫作「艹」。

查部首時，只有一種情況，那就是字上有「艹」，就可以查「艸」部，如：著、花、藏、華、苦、落、草、英、葉、蓋、藥、若、菜、莊、蓮、藍、蘭、薩、茶、莫、菩、藝、蘇、萊、芳、苗、范、蒂、藉、蔡、蘆、茂、蒙、蔣、萍、菌、芽、蒸、蔗、荒、葛、芒、蕉、蒼、菲、藺、葫、莉、薄、蘿、蔔、芬、葬、蕙、…，我們叫它做「草字頭」或「草頭兒」。

注意！有些字在楷書裡寫法也有「艹」，但並不是「艸」部的字，如：萬。

另外，像「夢、慕、墓、暮、幕」等也不是「艸」部的字，「夢」的上面是人的眉毛，跟草無關；「慕」指的是人的心理活動，跟「心」有關，查「心」部；「墓」是墳墓，跟「土」有關；「暮」是太陽西下，像落在草原裡，查「日」部；「幕」是布帷，查「巾」部。

牛刀小試

(1)給（　）(2)逝（　）(3)始（　）

(4)苦（　）(5)慕（　）。

（六）「土」，三畫，就是「泥土」、「土地」。

像地上有塊大石頭
表示「土」的意思

圖示

古代文字的形體演變

甲骨文
金文
篆文
隸書
楷書

解說

這個字在造字時用什麼實際的形象來模仿，學者們沒有一致的意見；從甲骨文、金文的形體看來，有人以為是用木頭或石頭做的「神主」，給人們來祭拜；有人以為是用「土」堆成小土堆，也就是「社」字；以上都認為「土」是「象形字」。從篆文的形體看來，學者以為下面的「二」橫表示地上、地中，一豎表示植物從土中長出，也就是能生長萬物的就是「土」；這種看法以為「土」是「指事字」。這三個說法都有可能，因為先古時代，人類相信所有的東西都有生命，「土」可以生長萬物，人類就以為「土」有「神性」，便設立一個物體來膜拜，或堆土成堆，造字時便用這個形象來表示；不過，造字的人也可以從過去所造的字加以組合，「丨」表示從土中生長而出的植物，「二」表示土地，便組合成「土」字。

因此，用「土」組合的字，與「泥土」、「土地」、「地域」、「地形」有關；如：在、地。

查部首時，有四種情況：

❶字左有「土」：地、場、城、塊、填、境、壞、增、堆、均、圾、垃、埋、坡、域、培、塔、壤、壇、墳、堪、塘、址、塌；這種情況最多，我們叫它做「土字旁」或「提土旁」。

❷字下有「土」：在、坐、堂、基、壓、堅、型、壁、塑、垂；我們叫它做「土字底」。

❸字左上有「土」：報、執；這種情況很特殊，要注意。

❹字上有「土」：堯。

牛刀小試

(1)在（　　）(2)地（　　）(3)吉（　　）

(4)仕（　　）(5)隹（　　）。

（七）「刀」，二畫，就是可以切割東西的工具。

圖示

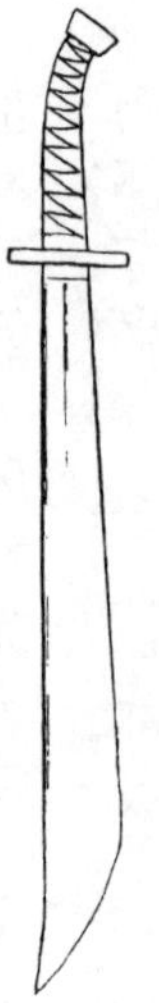

像一把刀的形狀

古代文字的形體演變

甲骨文

金文

篆文

隸書

楷書

解說

從甲骨文、金文、篆文三者的形體看來，

都像一把刀的形狀，其中金文的形體最像，所以，「刀」就像一把有刀柄、刀身的側面刀形，主要是近身攻擊時使用；是個「象形字」。

因此，用「刀」組合的字，多與「刀子」有關，或者與「使用刀的行為及結果」有關；如：刃、分、券、剪、劈、切。

用作部首時，有二種寫法：❶刀；❷刂。

查部首時，有三種情況：

❶字右有「刂」：刈、刑、刎、別、判、刪、刨、刻、刷、刺、制、剁、剎、剃、削、前、剌、剋、剖、剜、剔、剛、副、割、剴、創、剩、剿、剝、剷、剽、劃、劇、劉、劍；這種情況最多，我們叫它做「立刀旁」或「側刀旁」。

❷字下有「刀」：券、剪、劈。

❸字右有「刀」：切。

注意！「刁、前、分」也是「刀」部的字；「刁」，其實就是「刀」的不同寫法；「前」，本來的意思是「用刀切斷」，但後來表示「前進」，才又造個「剪」來表示原本的意思；「分」也是「用刀子將東西切成二半」，不查「八」部，放入「刀」部是強調是刀子切成的。

另外，這些字也是「刀」部的字，雖然字左是其它的部首，如：刊、列、到、划、利、刮、則、劑。

牛刀小試

(1)紮（　）(2)刁（　）(3)宋（　）(4)召（　）(5)切（　）。

（八）「日」，四畫，就是能發光發熱的「太陽」。

圖示

像太陽的外形
中央一豎表示光芒或實心

古代文字的形體演變

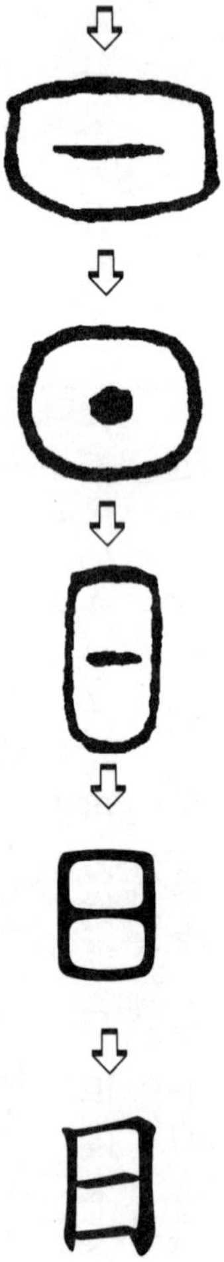

甲骨文

金文

篆文

隸書

楷書

解說

從甲骨文、金文和篆文的形體看來，裡面

的「一橫」或「一點」，古代人口耳相傳是「三隻腳的金色烏鴉」，又說這是表示太陽不是空心的，而是實心的，或說這是太陽的光芒，而用現代人的科學觀念去想，說是太陽的黑子也可以。所以，它是「象形字」。

因此，用「日」組合的字，與「太陽」、「炎熱」、「白天」、「時間」、「光亮」有關；如：旦、早、旱、昌、易、昆、晏、晃、晶、景、暑、昔、昏、春、普、智、暫、旺、明、昭、昨。

查部首時，有三種情況：

❶字上有「日」：易、昌、昂、是、晏、晃、晶、景、暑、暈、暴；我們叫它做「日字頭」或「日部頭」。

❷字左有「日」：旺、昀、昭、映、昧、昨、時、晒、晌、晚、晤、晦、晰、暗、暉、暇、暖、曉、曠、曙、曖、曝、曦；我們叫它做「日字旁」或「左日部」。

❸字下有「日」：春、晉、普、智、暫；我們叫它做「日字底」或「日部底」。

注意！「旭、晝、暨、暢、暹」也是「日」部的字。

另外，以下這些字：「旦、早、旱、昆、星、晨、旨、昔、昏、暮、曆、明、晴」，雖然字中有其它的部首，但還是「日」部的字，要小心分辨。

牛刀小試

(1)宣（　　）(2)明（　　）(3)莫（　　）

(4)汩（　　）(5)春（　　）。

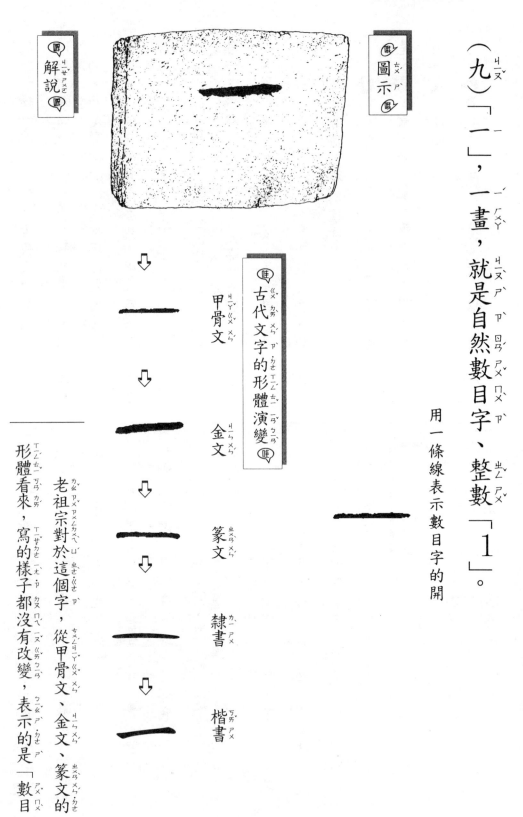

(九)「一」，一畫，就是自然數目字、整數「1」。

用一條線表示數目字的開

圖示

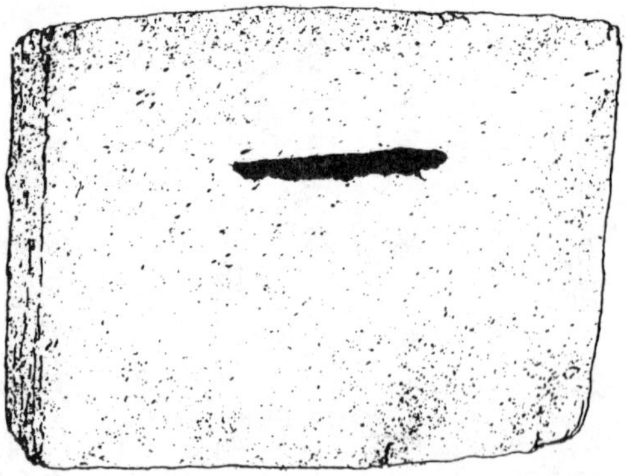

古代文字的形體演變

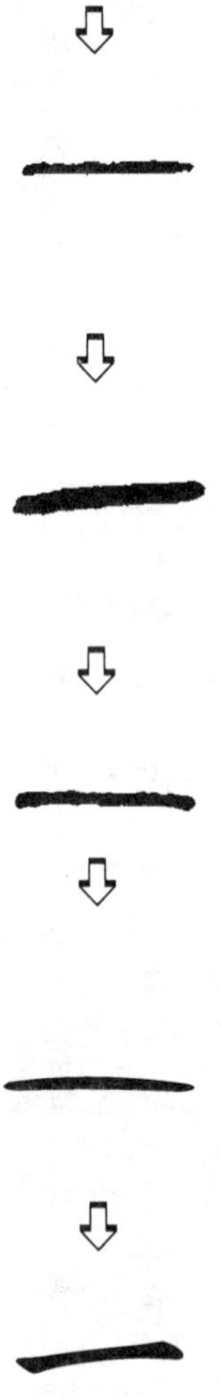

解說

老祖宗對於這個字，從甲骨文、金文、篆文的形體看來，寫的樣子都沒有改變，表示的是「數目

字的開始」，這和西洋阿拉伯數字「|」是相同的意思；另外，還有「某一種事物的基本概念」的意思，所以，引申有「純粹」、「專一」、「寶滿」、「全部」的意思。因為它只是個抽象的概念，所以，「一」是個「指事字」。

因此，用「一」組合的字，與「數目」都有關係；如：一、三、丁、七、丈、丙。

查部首時，有三種情況：

❶字上有「一」：不、下、丁、丙、丐。

❷字下有「一」：上、三、並、且、丘、丞。

❸字中有「一」：七、世、丈、丟、丑。

我們叫它做「一橫兒」。

至於這些字只是查字典時方便而放進「一」部來查字的，如：

「上」：古文字寫成上一短橫、下一長橫，一長橫表示一個地方，也許是桌面、地板都可以，一短橫表示物品的位置，所以，「上」是上面的意思，長橫「一」與數目字無關。

「下」：古文字寫成上一長橫、下一短橫，表示的意思的方式與「上字」相反，所以，「下」是下面的意思，長橫「一」與數目字無關。

「不」是花的底部、花托的意思，現在用在表示「否定、不要」的意思；上一横也與數目字無關。

牛刀小試

(1)仁（　　）(2)紅（　　）(3)丁（　　）

(4)七（　　）(5)斤（　　）。

（十）「火」，四畫，就是能焚燒其它東西的一種自然狀態。

圖示

像火燃燒火舌向上的樣子

古代文字的形體演變

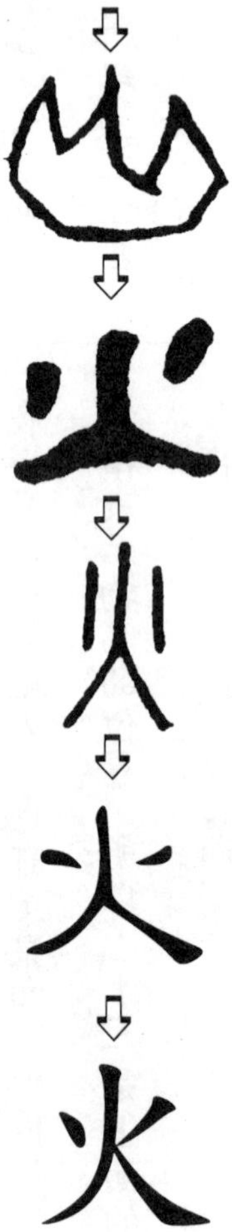

甲骨文

金文

篆文

隸書

楷書

解說

「火」是種本身沒有形體，但可以燒燬、焚化、焚燬其它物質的一種自然現象，也就是東西燃燒時所發出的光和焰，具有高溫；從甲骨文的形體看來像火焰往上冒的形狀，從金文、篆文的形體看來，下是火焰，兩旁是火花；是個「象形字」。

又「火」可以比喻「人性情暴躁或發怒」，又比喻「事態緊急」，因此，用「火」組合的字，與「火、光」有關、或「性質如火」有關；如：灰、災、炙、灼、炊、炒、為、烈、烏、煢、熒、營、燄。

用作部首時，有二種寫法：❶火；❷灬。

查部首時，有三種情況：

❶字左有「火」：燈、燒、煩、燃、燭、炮、煙、爛、爐、爆、灼、熄、烙、煉、煤、焰、炸、烤、烘、爍、煌；這種情況最多，我們叫它做「火部旁」或「火字旁」。

❷字下有「灬」：為、然、無、照、熱、熟、烏、燕、烈、熊、煮、焦、熬、燦、燥；我們叫它做「四點火」、「四點底」。

❸字下或字中有「火」：災、灰、炎、燙、焚、煲、炎、燄。

另外，有二種情況必須注意！❶「營」也是「火」部的字；而「榮」是「木」部的字；「杰」是「木」部的字；「燕」是鳥類，「灬」是尾巴，現查火部；❷在古文字裡，「山」與「火」的字形很容易混淆，應從字義上去辨別。

牛刀小試

(1)蒸（　　）(2)蔗（　　）(3)燃（　　）

(4)照（　　）(5)垂（　　）。

（十一）「貝」，七畫，是生活在水中的甲殼類動物。

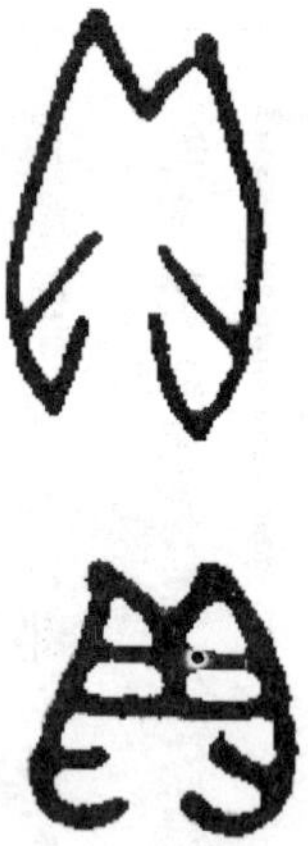

像貝類動物張開雙殼的樣子

圖示

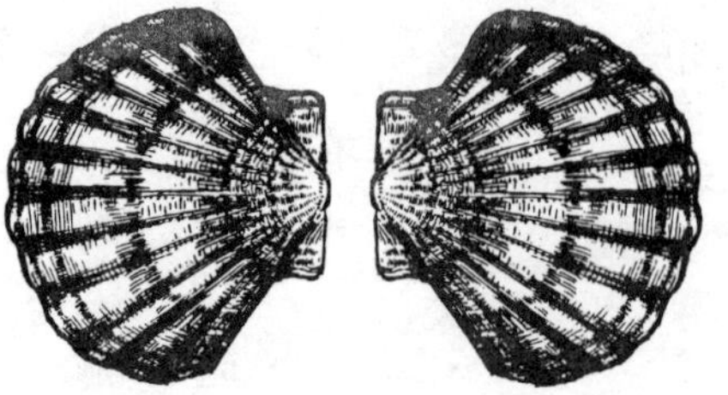

古代文字的形體演變

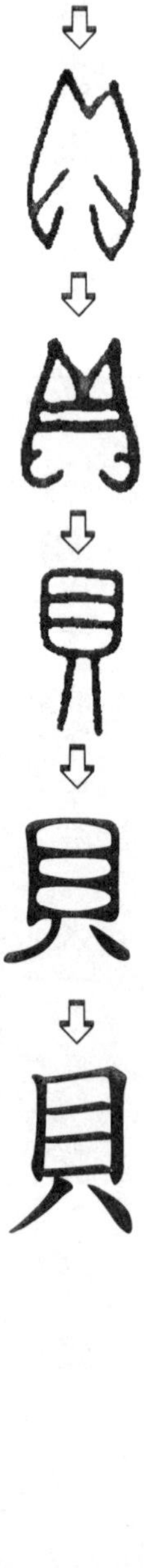

甲骨文

金文

篆文

隸書

楷書

解說

甲骨文的外形好像貝殼打開、左右對稱的樣子；金文的外形好像張開雙殼、露出腹肉的貝類動物；篆文的外形多了兩條線，有人說是腹肉鼓起或伸出觸角的樣子；不過，字形很難讓人分辨，原本到底是用什麼外形來模仿，因此，意思也就難以了解；是個「象形字」。

由於古代曾經以「貝殼」作為交易的媒介，也就是現在所說的「錢」，所以，有學者以為篆文的兩條線是穿在貝殼上面的繩子，可以收好自己的錢財，綁在身上才不會掉落。

因此，用「貝」組合的字，除了「貝」字跟「貝類動物」有關外，大多數與「錢財」、「給予」、「交易」、「貿易的行為」有關；如：財、貨、貪、貫；不然，就是跟「貝殼」有關；如：「貞」是古代用貝殼來算命；「賢」是像貝殼相合、中空，好像擁有很多東西，所謂「虛懷若谷」，就是這個意思，用來比喻多才多藝。

查部首時，有二種情況：

❶字下有「貝」：買、賣、費、資、負、賽、責、賞、貴、質、貨、賀、貧、貢、賢、貪、贊、貫、賓；我們可以叫它做「貝部底」。

❷字左有「貝」：財、貼、賊、賺、賜、購、販、賭、贈、貯；我們可以叫它做「貝字旁」或「左貝部」。

注意！「賴、贏、賓、買、貫、賈、賽」也是「貝」部的字。

牛刀小試

(1)贏（　）(2)敗（　）(3)賣（　）

(4)賜（　）(5)旦（　）。

（十二）「阜」，八畫，是用土從地表一層一層疊起來。

像土山上有梯子的樣子

圖示

古代文字的形體演變

甲骨文 金文 篆文 隸書 楷書

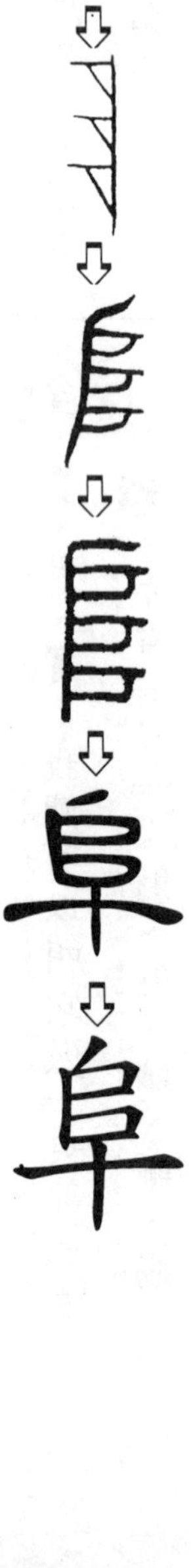

解說

甲骨文的形體也有寫作「」，與金文、篆文的形體大致相同，但學者們對此字有三種的說法：一說以為像一座土山，山坡上有一層層的梯子，可以讓人走上去；一說以為把甲骨文的形體橫著看去，像一座連線起伏的土山形狀，從篆

文的形體去看還可以分別，確認是土山起伏的形狀；一說以為像山壁上有個洞穴，架設供人出入的獨木樓梯；是個「象形字」。

有人說：山勢高峻而上頂平坦的地叫做「大陸」，是高原而沒有石頭在裡面的叫做「阜」，所以，古人也說：山勢高峻且山頂平坦，又沒有石頭的高地叫做「阜」。

因此，用「阜」組合的字，多與「土山」、「高地」、「階梯」有關；又因為山大多很高大，所以又有「高、大」的意思。

可是，「阜」組合在字裡面時，可變了樣子；如：阡、防、阮、阱、阪等，這些字都是「阜」部的字，為了字的美觀與結構而改變的。

用作部首時，寫作「阝」；查部首時，只有一種情況，那就是字左有「阝」，如：阿、陽、除、隨、隊、陳、院、陣、附、陸、防、險、隔、際、降、陪、陰、隱、隆、阻、限、陷、階、陶、陵、陛；我們叫它做「左阜旁」、「左耳旁」、「雙耳旁」、「左抱耳」、或「雙耳」。

如果字左是「阝」，即使字右是其它部首，一般仍然查「阜」部，如：防、限、陣、陡、隴。

注意！「阝」放在字的左邊才是「阜」，而放在字的右邊的「阝」是「邑」，一般我們都叫它「左阜右邑」來分辨這兩個部首。

牛刀小試

(1)附（　）(2)頂（　）(3)丟（　）

(4)焦（　）(5)燙（　）。

（十三）「竹」，六畫，就是常綠植物「竹子」。

像竹葉下垂的樣子

圖示

古代文字的形體演變

甲骨文

金文

篆文

隸書

楷書

解說

一種多年生、常綠的植物；甲骨文、金文、篆文的形體都像竹葉下垂的樣子，中間兩豎表示是竹枝，連接在竹枝上面的是竹子的枝葉；是個「象形字」。

因此，用「竹」組合的字，與「竹子」、「竹器製品」有關；如：竹、竿、竽、笆。

查部首時，只要字上有「竹」，就可以查「竹」部，如：算、等、第、答、笑、節、管、筆、簡、箱、箭、策、籃、篇、築、符、籠、範、筒、簽、筋、笨、竿、箍、籍、筷、簾、箏、簿、簧、竺、籌、簷；我們叫它做「竹字頭」、「上竹部」或「竹部頭」。

注意！這些字即使字下有其它部首，仍然查「竹」部：

「竺」：忠厚、專一的意思，但這個意思後來用「篤」字來表示，「竺」只用在姓氏及國名；古代查「二」部，現在查「竹」部。

「篤」：忠實、忠厚的意思，古代查「馬」部，現在查「竹」部。

「籠」：指用竹子做成可以用來裝東西的籠子，不查「龍」部。

注意！「笑」這個字很特別，古代學者有二種說法，一說以為是上「竹」下「犬」的組合，另一說以為上「竹」下「夭」的組合，現代的寫法是後一種，意思是人在笑時身體自然彎曲的樣子，「竹」像是人笑時的聲音；現在查「竹」部。

牛刀小試

(1) 如（　　） (2) 箱（　　） (3) 竺（　　）

(4) 安（　　） (5) 坐（　　）。

（十四）「金」，八畫，就是「金屬」的意思。

圖示

表示金屬塊埋在地下

古代文字的形體演變

金文

篆文

隸書

楷書

解說

甲骨文裡沒有這個字；而對於「金」的解釋很多：從篆文的形體看來，有人以為「金」

是由「今」、「土」及「八」組成，「八」是金屬顆粒，土是指金屬顆粒埋在土中，「今」是這個字的注音，所以，「金」是埋在土中的金屬，是個「形聲字」；有人從金文的形體來說明，以為「金」由「亼」、「土」、「▲」組成，是個「會意字」，表示金屬埋藏在地下；有學者以為像是一個套合的鑄器模形，並用繩子捆綁好、加上泥土牢固；有學者以為上面像箭頭，下面像斧頭的形狀，兩點是冶煉的金屬塊，表示箭頭與斧頭是用金屬來製作的，本義是「金屬」；有學者以為金的本字是「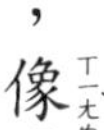」，像兩枚銅錠的形狀，後來才寫作金文的形體，加上斧頭形，表示製成斧頭的原料就是「金」；總之，「金」的本義是「金屬」，「黃金」是後來的說法。

所以，用「金」組合的字，與「金屬」、「金屬製成品」、或「與金屬的性質」有關；而且金屬物品大多有用途且產量很少，有「貴重」的意思；如：釜、鑒、鑾、鑿、釘、針、釗等。

查部首時，有二種情況：

❶字左有「金」：錢、鐵、錯、銀、鐘、鏡、錄、鎮、針、鑽、鋼、銅、鍋、釘、鋪、釣、鉛、鎖、銷、錐、銳、鈴、錦、銘、鋒、鍾、鍵、…；我們叫它做「金字旁」或「金部旁」。

❷字下有「金」：釜、鑒、鑾、鑿。

牛刀小試

(1)四（　）(2)床（　）(3)鈴（　）

(4)筒（　）(5)釜（　）。

第二類常用部首

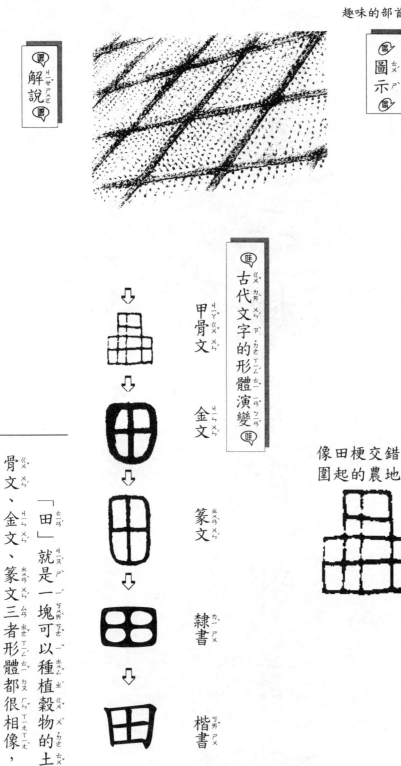

（十五）「田」，五畫，就是人們用來種植稻米以維生的「農田」。

圖示

像田梗交錯圍起的農地

古代文字的形體演變

甲骨文

金文

篆文

隸書

楷書

解說

「田」就是一塊可以種植穀物的土地；甲骨文、金文、篆文三者形體都很相像，裡面橫豎直線像田裏的小路，或是田中的小水溝，外框所圍起的地方為農地；是個「象形字」。

古人以為上古有井田制度，從甲骨文的形體就可以知道；另外，古人又以為：用來種蔬菜的地叫做「圃」，用來種果樹類的叫做「園」，這些都跟種稻子的「田」是不大一樣的。而且，古人有「圍獵（圍出一塊地方來打獵）」的習俗，「田」就像圍起的打獵範圍，因此，「田」也有打獵的意思。

因此，用「田」組合的字，與「農田」、「田獵」、「農事耕作」有關；如：男、畀、界、町、甽、畋、留、畜、番。

查部首時，有四種情況：

❶字上有「田」：界、男、甲、異、畢、畏、疊；我們叫它做「田字頭」或「田部頭」。

❷字中有「田」：申、甸、畫、疆。

❸字下有「田」：當、由、留、番、畜；我們叫它做「田字底」或「下田部」。

❹字左有「田」：略、畔；我們叫它做「田字旁」、「田部旁」或「左田部」。

另外，有兩點是必須注意的！❶「男、甸、畫、疆、番、畜、畚、甽」也是「田」部的字。❷古文字中的「田」並不是全都表示田土的意思，如鬼、畏、冀等字中的「田」是假面具，或是獸頭的形狀。

牛刀小試

(1)留（　）(2)累（　）(3)疊（　）

(4)寅（　）(5)萬（　）。

（十六）「巾」，三畫，就是「手帕」。

圖示

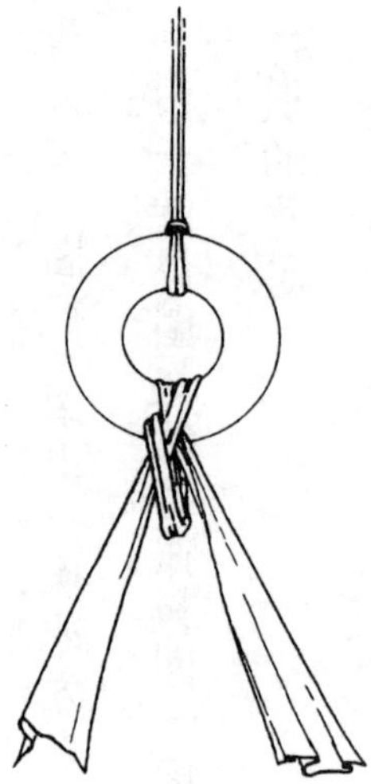

中有玉珮、下為布的手帕

古代文字的形體演變

甲骨文

金文

篆文

隸書

楷書

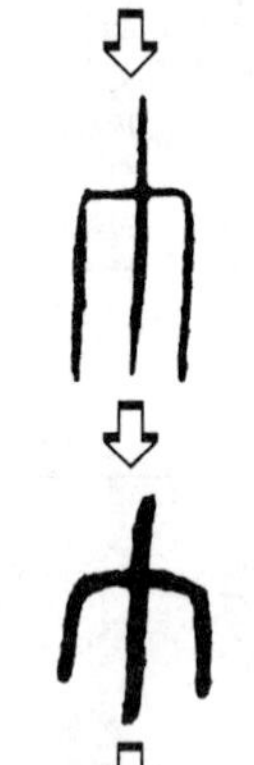

解說

甲骨文、金文、篆文三者的形體一樣，有人說是古人的手帕，絲繩的上端是玉珮，並綁在身上，下面綁著手帕，就叫做「巾」；又說中間的「丨」是布的折痕，兩旁是布塊下垂的樣子；另外也有學者以為是種圍裙類的服飾；是個「象形字」。

後人把「巾」的意義擴大，不限於手帕，指擦東西或包裹、覆蓋東西的紡織品，如：頭巾、抹布等。

因此，用「巾」組合的字，與「絲織品」、「布帛所製成的東西」有關；如：布、帆、希、帘、帕、帛、帑。

查部首時，有三種情況：

❶字下有「巾」：常、帶、幫、布、市、帝、希、幣、幕、席；我們叫它做「巾字底」或「巾部底」。

❷字左有「巾」：帽、帳、幅、帕、帆、幢；我們叫它做「巾字旁」。

❸字右有「巾」：帥、師。

注意！❶這些字仍是查「巾」部：「帘、帛、席、幕」；如：「帘」指古代賣酒店子外面的酒旗，不查「穴」部。❷如果字左是「巾」，即使字右是其它部首，依舊查「巾」部，如：「帕、帳、帷」。❸「市」指集中買賣的地方，也就是市場，古代文字演變很大，隸變以後全與古代字形看不出相關的地方，現在查「巾」部，不查「亠」部。❹「帚」指掃把，上是手，下是掃把，現在查「巾」部，與「巾」義無關。

牛刀小試

(1)顰（　）(2)師（　）(3)布（　）

(4)刷（　）(5)阮（　）。

（十七）「戈」，四畫，是古代用來打戰的兵器。

圖示

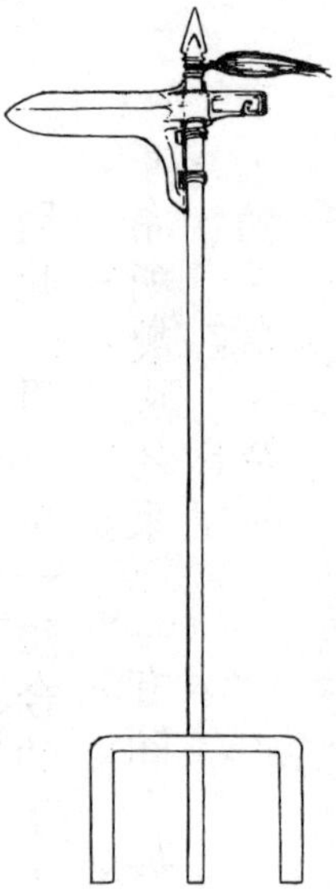

上有短刀、下是柎的兵器

古代文字的形體演變

甲骨文

金文

篆文

隸書

楷書

解說

戈就是在一根很長的木棍上，綁著一把鋒利的短刀，是士兵在戰車上，向敵人由上往下地刺砍時，所使用的兵器，古人叫做「平頭戟」；

從甲骨文、金文、篆文三者的形體看來，都像戈放在柎上（柎：放兵器的座子）的樣子，是個「象形字」。

但有學者以為下方不是「柎」，而是「鐏」，是頭形尖銳，可以插地的部份。其實與「柎」的功能是相同的。

因此，用「戈」組合的字，跟「兵器」、「戰爭」有關；如：戉、戍、戌、戎、戟、戥、戮、戰。

查部首時，只有一種情況，那就是字右有「戈」，就可以查「戈」部，如：戉、戍、成、我、或、戚、戛、戟、戡、戢、戮、戰、戴、戳、戊、戎、戒、戕、截、戲。

注意！這些字也是「戈」部的字：

「戕」：指外國的人來我國指殺國君，所以有「殺」的意思，不查「爿」部，查「戈」部。

「截」：指用兵器（戈）割斷鳥類（隹），有「割、切斷」的意思，不查「隹」部，查「戈」部。

「戲」：指古代利用舞劍弄棍等方式，來讓皇帝高興的節目，不查「虍」部或「豆」部。

「我」：本來的意思指一種古代的兵器，後來才用做第一人稱，表示自己的意思，故查「戈」部，不查「丿」部或「扌（手）」部。

牛刀小試

(1)鬼（　）(2)感（　）(3)惑（　）

(4)築（　）(5)我（　）。

（十八）「玉」，四畫，是石頭埋在土中很久，產生質變而成的。

圖示

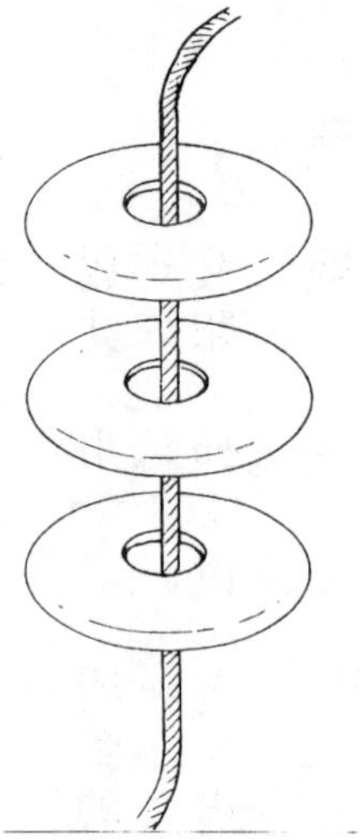

像三塊玉串在一起的樣子

古代文字的形體演變

甲骨文　金文　篆文　隸書　楷書

解說

就是一種美石；甲骨文、金文、篆文的形體都像用絲繩貫穿三片玉塊的形狀；是個「象形字」。但是，有學者以為像是用玉製作，形狀上有柄可以握住的禮器。

因此，用「玉」組合的字，與「玉石」、「玉器的名稱」、及「治玉手工業」有關；如：玖、玕、玩、琴、琵、琶、瑩、璧、璽。

用作部首時，寫作「王」或「玉」。

查部首時，有三種情況：

❶字左有「王」：現、理、球、玩、班、環、珠、珍、瑞、玲、瑪、琳、玻、琪、璃、琴、瑜、玫、瑰、珊、瑋、瓊；我們叫它做「王玉旁」、「玉字旁」、「王字旁」、「斜玉兒」或「斜玉旁」

❷字下有「玉」：璧、瑩、璽。

❸字上有「玨」：琴、琵、琶。

注意！字左是「王」，即使字右是其它部首，一般還是查「玉」部，如：「瓏、玟、玫、玻、珀、理、現、琥、瑪、瑰、璜」。

另外，古代有「王」部，現在一併收入「玉」部裡；但「王」與「玉」在字形上仍是有差別的；而且，在古文字裡，玉本作「王」，中間的「三」橫等長，不同於數字的「三」，也不同於姓氏的「王」。後人為分別兩字，才在原王字加「丶」才寫成「玉」；但又有人說玉的兩兩橫線間的空間是一樣大的，王字是下面大於上面。

牛刀小試

(1)竺（　　）(2)璽（　　）(3)募（　　）

(4)琶（　　）(5)玩（　　）。

（十九）「示」，五畫，是架子上放著石頭，有祭拜神明的意思

像用酒潑酒在架子上的靈石

圖示

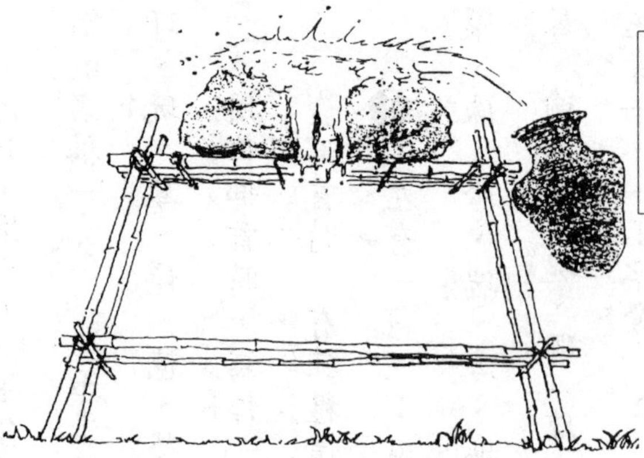

古代文字的形體演變

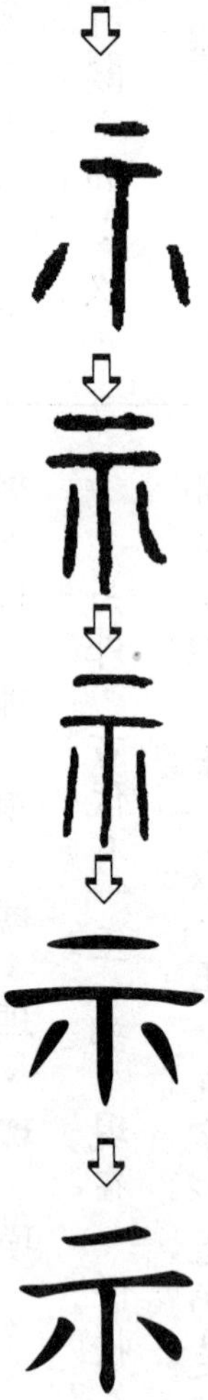

甲骨文

金文

篆文

隸書

楷書

解說

從甲骨文、金文、篆文的形體看來，「示」由「二」、「小」組成；「二」表示上天；「小」

表示日月星辰有話向地下的人們來說；所以，「示」就是上天指示人們該做什麼事的意思；是個「指事字」。

也有人說：「示」是架子上擺著一塊有靈氣的石頭，來讓人祭祀拜拜；或說是在靈石上灑祭祀用的酒，所以、酒散流到下面成「川」；又以為是用竹片做一種推算人事物吉凶的根據；也有以為甲骨文的形體像是古代人民拜神祭天的石桌。

因此，「示」有「表明、呈顯」的意思，且與「神靈」有關，用「示」組合的字，都有這些意思；如：票、祭、禁、禦、社、祀、祁、祉、祈。

用作部首時，有二種寫法：❶示；❷礻。

查部首時，有二種情況：

❶字左有「示」或「礻」：神、禮、社、福、祖、祇、祝、祥、禍、祈、禪、祀、禱、祂；這種情況最多，我們叫它做「示字旁」、「示部旁」、「示補兒」或「左示部」。

❷字下有「示」：禁、祭、票；我們可以叫它做「示字底」或「示部底」。

注意！「礻」與「衤」是不同的；「衣」寫在字的左邊時，作「衤」，比「示」寫在字的左邊時，作「礻」，多了一「丿」，不要弄錯了。

牛刀小試

(1)直（　）(2)眾（　）(3)社（　）

(4)票（　）(5)鑾（　）。

（二十）「衣」，六畫，就是「衣服」的意思。

圖示

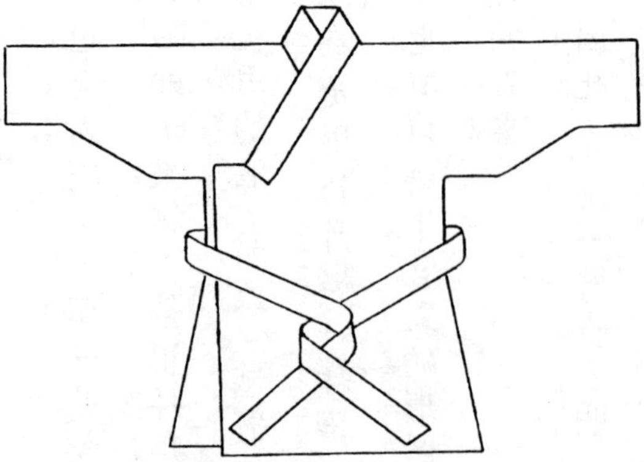

上為衣領、下為左右交覆的衣襟

解說

古代文字的形體演變

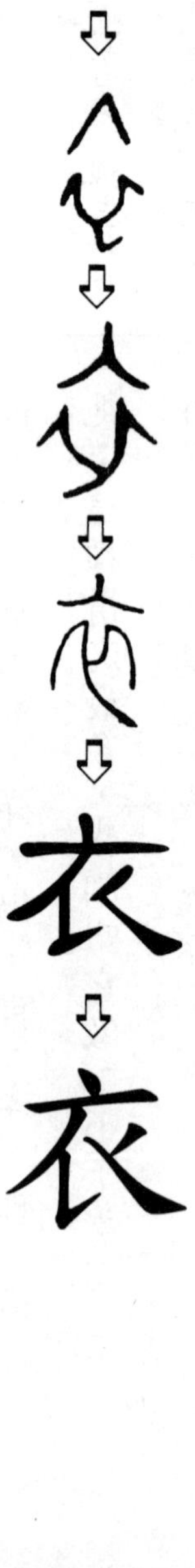

甲骨文

金文

篆文

隸書

楷書

從甲骨文、金文、篆文三者的形體看來，都像一件胸腹前可以向外打開、必須左右交叉蓋覆穿著的上衣，上面像衣領，左右像是衣袖，中間像是左右交叉蓋覆的樣子，也就是「衣服」的意思，是個「象形字」。

古人的衣服跟我們現在不一樣，是一塊大布必須左右交叉，再綁著腰帶，才能將身體包住。

而且，古人說「衣」只有指上衣而已，下衣叫做為「裳」，很像我們現在說的褲子。

因此，用「衣」組合的字，跟「衣服」有關；如：表、衰、妻、袁、袞、初、衫、袂、被、袒。

用作部首時，有二種寫法：❶衣；❷衤。

查部首時，有三種情況：

❶字左有「衤」：裡、被、初、複、袖、袍、裕、褲、襯、袱、襪、褐、裙；我們叫它做「衣部旁」、「衣字旁」、「衣補兒」、「布衣旁」。

❷字下有「衣」：裝、袋、製、襲、裂、裁、裳；我們叫它做「衣字底」或「衣部底」。

❸字上有「亠」、字下有「𧘇」：表、袁、衰、裏；其實就是將「衣」字拆成上「亠」下「𧘇」的方式。

牛刀小試

(1)季（　）(2)孔（　）(3)初（　）

(4)表（　）(5)哀（　）。

（二十一）「隹」，八畫，也就是「鳥」。

圖示

像鳥棲息在樹枝上

古代文字的形體演變

甲骨文

金文

篆文

隸書

楷書

解說

甲骨文、金文的形體都像是一隻鳥面向右——的外形，所以，「隹」就是「鳥」的意思；是個「象形字」。在部首裡，也有「鳥」這個字，大概是古人在造字的時候，由不同的觀察角度所造出的字。可是篆文的形體就改變太多了，看不出是隻「鳥」了。

古人以為：長尾巴的飛禽叫「鳥」，短尾巴的飛禽叫「隹」；其實在商朝的時候，這兩個字是沒有分別的，因此，這種說法沒有任何根據；有學者說：「隹與鳥同為禽之總名，非有短尾長尾之別，但動靜形畫勢或異耳。」這種說法可以做為參考；我們也可以觀察到，鳥類在飛翔時張開雙翼，尾巴就看起來就比較短些，停棲枝頭時雙翅收斂，尾巴就看起來比較長些；所以，「隹」就是「鳥」，意思是一樣的，字形不同而已。

因此，用「隹」組合的字，與「鳥等禽類」有關；如：睢、雌、雒、雕、雖、雞等。

查部首時，有三種情況：

❶字右有「隹」：難、離、雖、雄、雞、雅、雜、雕；我們叫它做「右隹部」。

❷字上有「隹」：隻、雙、集。

❸字下有「隹」：雀。

注意！在字義上，「隹」與「鳥」是相通的，像「雞」字就可以寫做「鷄」。又「隹」做為組字的部份、不做部首時，多有「突出、高起」的意思，如：脽（肉部）、堆（土部）。

牛刀小試

(1)孜（　　） (2)能（　　） (3)兢（　　）
(4)雖（　　） (5)集（　　）。

（二十二）「雨」，八畫，也就是自然現象——「下雨」。

圖示

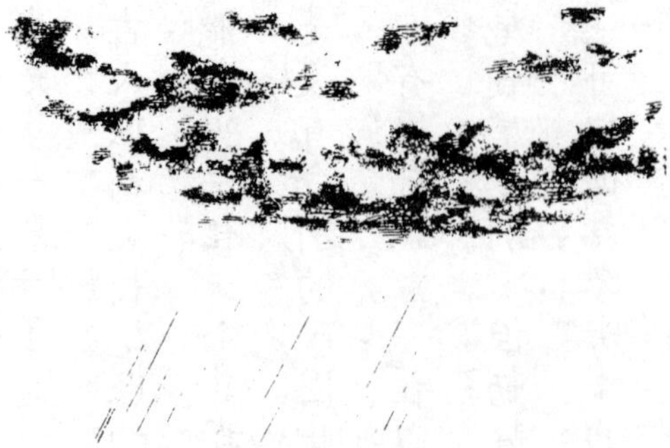

上是雲層，下是落下的雨滴

解說

古代文字的形體演變

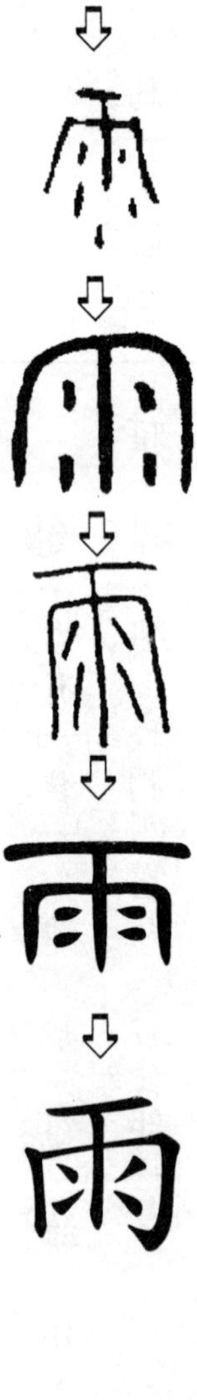

甲骨文

金文

篆文

隸書

楷書

從甲骨文和篆文的形體看來，就好像水從天上的雲向下掉的樣子，金文的形體省略了最上面的一橫，不過還看得出來是什麼意思；本義指「雨水」，是個「象形字」。

因此，用「雨」組合的字，與「天氣狀況」、「雨水」有關；如、雪、雩、靆、靉。

查部首時，只要字上有「雨」，就可以查「雨」部，如：雲、電、雹、零、需、霄、霆、霉、霎、霑、霓、霜、霞、霪、霧、霸、霹、露、霾、靂、靈、靄；我們叫它做「雨字頭」。

注意！字上是「雨」，即使字下是其它部首，一般還是查「雨」部，如：

「雪」：空中降下由水受冷所凝固的結晶體，下是「彗」字的省略筆劃的寫法，不查「彐」部。

「雯」：指雲朵看起來很美麗，像是有花紋的樣子；現在查「雨」部，不查「文」部。

「雷」：字下的「田」表示的是雷聲隆隆的意思，與田地無關，不可查「田」部，又因為打雷通常伴隨而來的是下雨，所以查「雨」部。

「震」：指雲與地面交互作用產生的強烈放電現象，字下的「辰」是振動、振憾的意思，不是水生動物「辰」，不查「辰」部，查「雨」部。

牛刀小試

(1)席（　）(2)震（　）(3)截（　）

(4)零（　）(5)祥（　）。

（二十三）「月」，四畫，就是「月亮」。

圖示

解說

像月亮半圓的樣子
中央一豎表示月亮是實體的

古代文字的形體演變

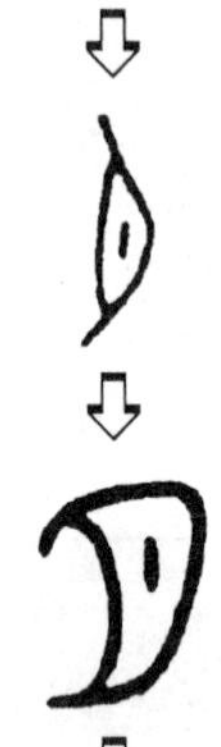

甲骨文
金文
篆文
隸書
楷書

從甲骨文、金文形體的形體看來，就像月亮半圓的樣子；是個「象形字」。可是，從篆文的形體看來，反而就不像了。

古人說：「月亮裡有一隻玉兔發著青光，所以有那一橫。」這是一則神話的故事，並不可以相信；也有人說：中間的一橫是表示月亮是實心的、有陰影的。

因此，用「月」組合的字，與「月亮」、「夜晚」、「光亮」、「時間」等有關；如：有、朋、服、朕、朔、朗、期、望。

查部首時，有二種情況：

❶字下有「月」：有。
❷字左有「月」：服、朋、朕、朦、朧。
❸字右有「月」：期、朝、朗、望。

注意！以下這些字要小心辨別：

「朧」：月光不是很亮，視線不清楚；不可查「龍」部。

「刖」：是用刀將腳割斷，查「刀」部。

「胃」：指動物類的消化性器官，字上不是「田」，指有食物在胃裡的意思，字下是「肉」，查「肉」部。

「明」：光線充足，光亮；現查「日」部。

注意！「月」部與「月」是不一樣的，這是因為到了篆文的形體，「月（）」和「肉（）」的寫法很相似；見「胃」字一例。

牛刀小試

(1)取（　　）　(2)刖（　　）　(3)朋（　　）
(4)烈（　　）　(5)望（　　）。

（二十四）「禾」，五畫，就是穀類植物。

圖示

古代文字的形體演變

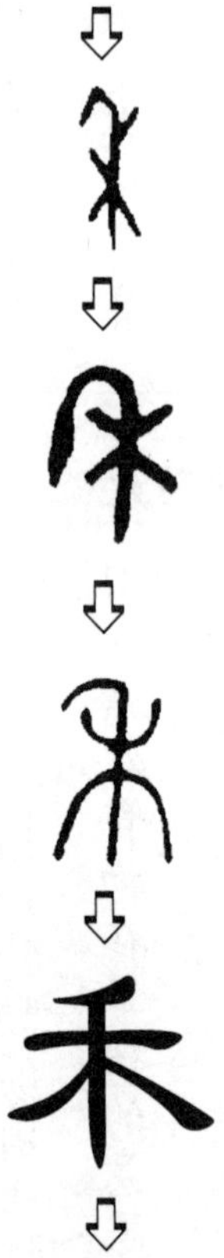

甲骨文

金文

篆文

隸書

楷書

解說

從甲骨文、金文和篆文的形體看來，都像一株已經成熟、等待收成的穀類植物的形狀，所以，「禾」就是一株稻穗向左下垂、上有稻葉、中有莖、下有根的稻子形狀，本義是「穀子」，是個「象形字」。

古人以為：稻米剛發芽的時候叫做「苗」，開始結穀叫做「秀」，秀成熟了叫做「禾」。因此，用「禾」組合的字，與「穀類植物等農作物」有關；如：和、秋、秀。

查部首時，有四種情況：

❶字左有「禾」：種、積、稱、程、秋、科、秒、移、稻、秘、穩、穆、私、稀、穫、稍、租、秩、秤、稿、稚；我們叫它做「禾字旁」、「禾部旁」或「禾木旁」。

❷字下有「禾」：秦、穀、稟、穎。

❸字上有「禾」：秀、禿；我們叫做「禾字頭」或「禾部頭」。

❹字中有「禾」：秉。

注意！這些字要小心辨別：

「委」：指儲存糧食；現在查「女」部。

「季」：本義是幼小的稻禾，引申做兄弟間排行最小的人；現在查「子」部。

「和」：指大家呼聲相同，像稻米成熟時下垂表示同意一般；現在查「口」部。

「穎」：指稻穗尖銳的前端，也指稻穗；不查「頁」部。

「穌」：拿取禾稻的莖桿；不查「魚」部。

「私」：指稻米的一種；不查「厶」部。

「秋」：指稻米成熟；不查「火」部。

牛刀小試

(1)委（　　）　(2)種（　　）　(3)禿（　　）

(4)秉（　　）　(5)囷（　　）。

（二十五）「十」，二畫，就是數目字「十」的意思。

圖示

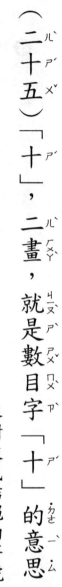

像樹枝或結繩的符號

古代文字的形體演變

甲骨文

金文

篆文

隸書

楷書

解說

從甲骨文的形體看來，「丨」就像是用一根——樹枝，來表示「十」的意思；從金文的形體看來，在「丨」上加一點「•」，像是結繩的符號，用一個「結」代表「十」；從篆文的形體看來，「•」則向左右拉開變成「一」，就寫作「十」；古人以為數字發展到「十」就很完備了，有「數字集合」、「聚合」的意思，也就是數目字「十」的意思；是個「指事字」。

不過，有學者以為甲骨文的形體像是人手掌的側面形狀，金文的形體像是人手的正面形狀。

因此，用「十」組合的字，與「一堆數量」有關，尤其是「很多數量形成一個單位」；如：午、升、卅、卉、卒、協、卓、卑、南、博。

查部首時，有三種情況，都是其它部首查詢不方便時使用：

❶字下有「十」：半、千、卓、卑、卒、午、仟；我們叫它做「十部底」。

❷字的左右有「十」：升、博、協、卅。

❸字上有「十」：南、卉。

注意！這些字要小心辨別：

「什」：古代常用十為一個單位，叫做「什」，如戶籍、人員、軍隊；查「人」部。

「半」：將牛分成左右各半，也就是二分之一；查「十」部。

「千」：十個一百的意思；不查「丿」部；又「仟」是數目字的大寫，不查「人」部。

牛刀小試

(1)古（　）(2)回（　）(3)什（　）

(4)協（　）(5)直（　）。

（二十六）「車」，七畫，就是有輪子、可以載人和載物品的交通工具。

圖示

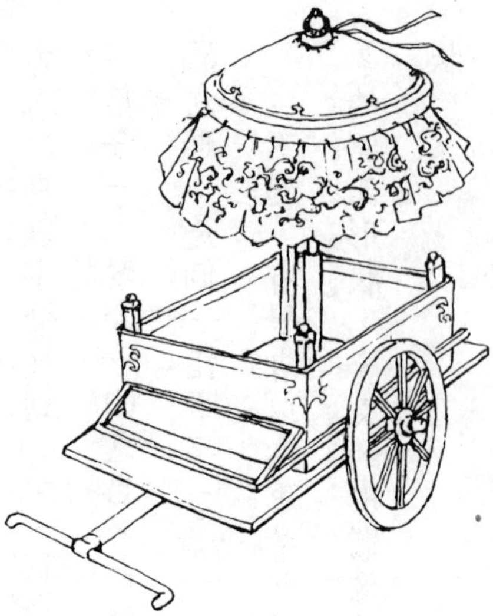

上為遮陽篷、下是車廂、左右是輪子的車子

古代文字的形體演變

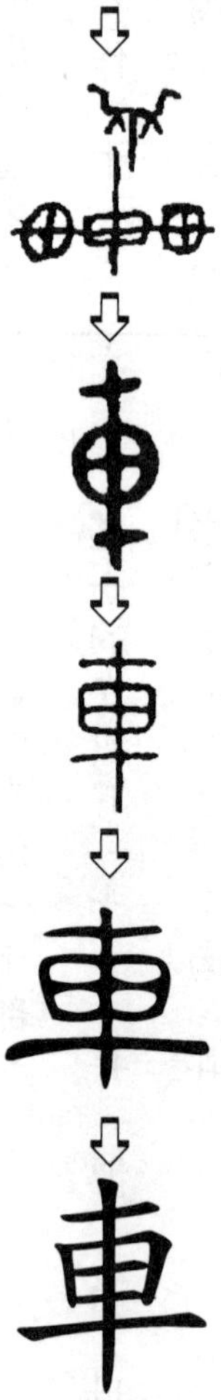

甲骨文

金文

篆文

隸書

楷書

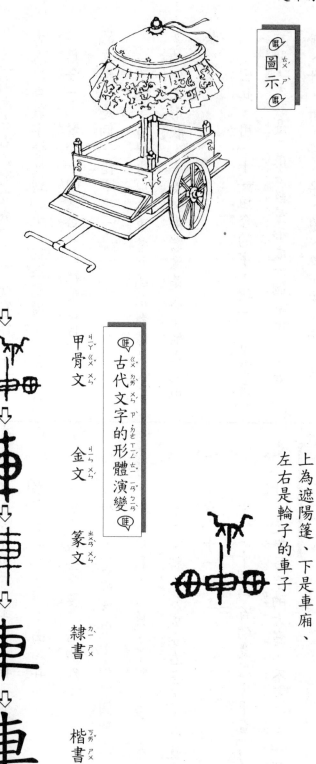

解說

從甲骨文的形體看來：上面有遮陽的篷子，中央是用來載人的車廂，左右是輪子，一長橫是車軸，輪子外的一直豎是車軸的頂端；所以，「車」就是一種陸上交通工具的意思，是個「象形字」。

可是到了金文和篆文的形體，由於筆畫省略地太厲害，所以，很多人以為中央是車廂，兩直豎是輪子，一橫線是車軸，這也許是從後面觀察的結果吧！

因此，用「車」組合的字，與「車子」、「車子的零件」、和「車子性質相近的物品」有關；如：軋、軌、軒、軔、軏、軑、軟、軜、軸、軼、軫、軻、載、輝、輩、輦、轟等。

查部首時，有二種情況：

❶字左有「車」：轉、輕、較、輪、輛、輸、軟、轎、輔、軸、輯、軒；我們叫它做「車字旁」或「左車部」。

❷字下有「車」：軍、載、輩。

注意！❶字左是「車」，即使字右是其它部首，一般還是查「車」部，如：軋、軒、軟、輊；❷這些字很特別，但仍是查「車」部：「轡、輿、轂、輩、載、軍、輝、轟」。

牛刀小試

(1)戎（　　）(2)理（　　）(3)輪（　　）

(4)玫（　　）(5)祭（　　）。

（二十七）「二」，二畫，是抽象的數目字。

用兩個一組成「二」

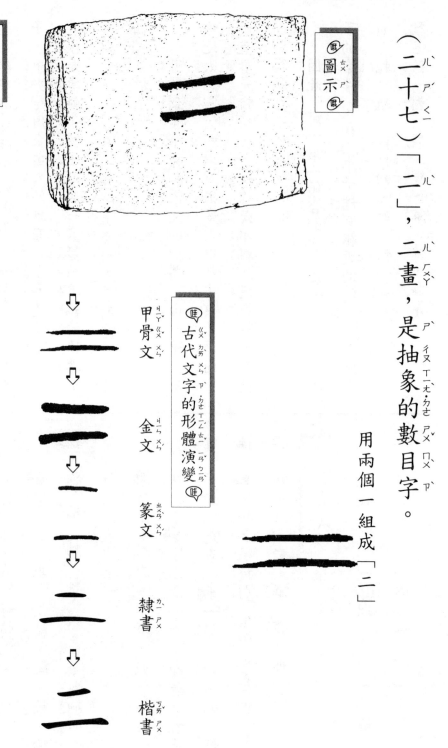

圖示

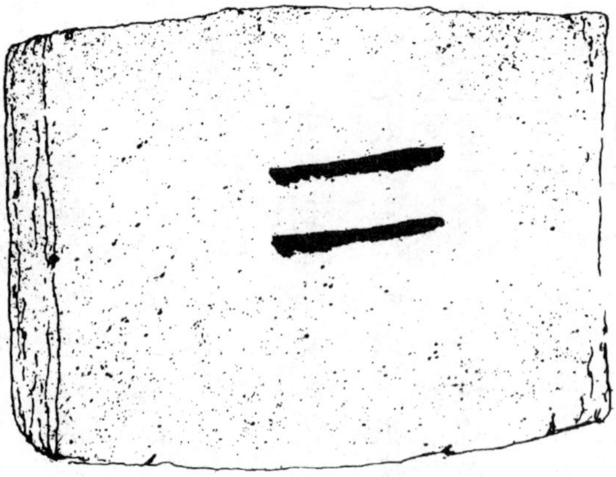

解說

古代文字的形體演變

甲骨文

金文

篆文

隸書

楷書

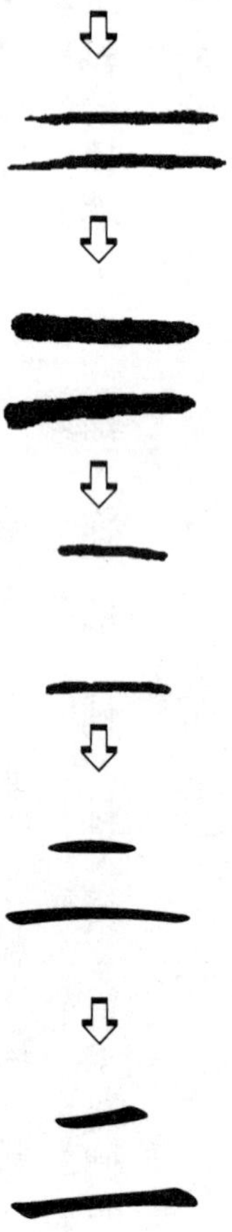

從甲骨文、金文、篆文的形體看來，「二」的字形一直沒有多大改變，古人以為是兩個「一」所組成，所以應該「上下一樣長」，然而後來都寫成「上短下長」，容易與「上」的古代文字混淆，只不過，後世的人似乎不大在意，也就不理會，總之，「二」是偶數開始的意思。

不過，「二」到底屬於六書中的哪一書，卻沒有一定的說法：有以為是「會意字」，或以為是「指事字」，或以為是「形聲字」，不過，從它也是個數目字的抽象概念，說是「指事字」是比較好理解的。

因為「二」排在「一」後面，有「次要的」、「次好的」、「不同的」、「不一樣」的意思。

因此，用「二」組合的字除了與「數目」有關外，也有「次要的」、「不一樣」的意義；如云、于、井、互、五、亙、亞、亟、些。

查部首時，有三種情況：

❶字的上下有「二」：些、于。

❷字上下是「二」：五、互、亞、亙、亟。

❸字中有「二」：井。

以上，我們叫它做「二橫兒」。

注意！「于」不查「亅」部，「云」不查「厶」部，它們都是「二」部的字。

牛刀小試

(1)仁（　　）(2)奈（　　）(3)于（　　）

(4)有（　　）(5)歸（　　）。

（二十八）「夕」，三畫，是傍晚和清晨出現的月亮。

圖示

沒有月光的月亮

古代文字的形體演變

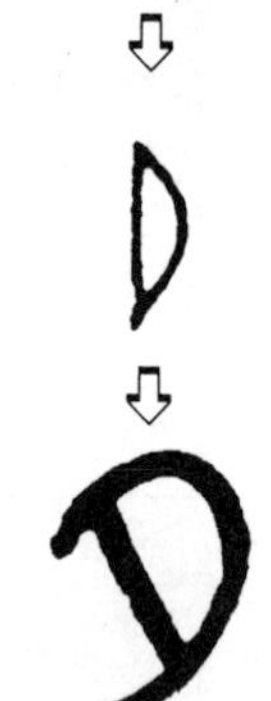

甲骨文

金文

篆文

隸書

楷書

解說

在甲骨文的形體中，有些「夕」字寫作——「」，跟「月」字的寫法一樣，可以知道在

甲骨文的形體裡，「夕」和「月」是沒有分別的，只能在字的意義上去分辨；金文和篆文的形體是相同的，可以看出「夕」字是「月」字省略筆畫改寫而成，表示在傍晚或清晨的時候，還有太陽光的照射情況下，月亮的光好像有又好像沒有的樣子，古人叫這兩個特別的時段做「夕」，只是現在都叫「夕」是「傍晚（指日落至月出的時間）」的意思了；是個「象形字」。

可是，也有人以為：夜晚有月光照射的「」是「月」，沒有月光照射的「」是「夕」。

因此，用「夕」組合的字，與「夜晚」、「夜晚活動」有關；如：外、夙、多、夜、夠、夥、夢、夤。

查部首時，有二種情況：

❶字左或字右有「夕」：多、夥、外、夜、夠。

❷字下有「夕」：夢。

注意！以下些字要小心辨別：

「外」：與「內」的意思相反，現在查「夕」部，不查「卜」部。

「夜」：晚上的意思；不查「亠」部或「亻（人）」部。

「夢」：睡著後的想像；不查「艸」部。

牛刀小試

(1)秋（　　）(2)稚（　　）(3)多（　　）

(4)禿（　　）(5)半（　　）。

（二十九）「犬」，三畫，也就是現代人說的「狗」。

圖示

古代文字的形體演變

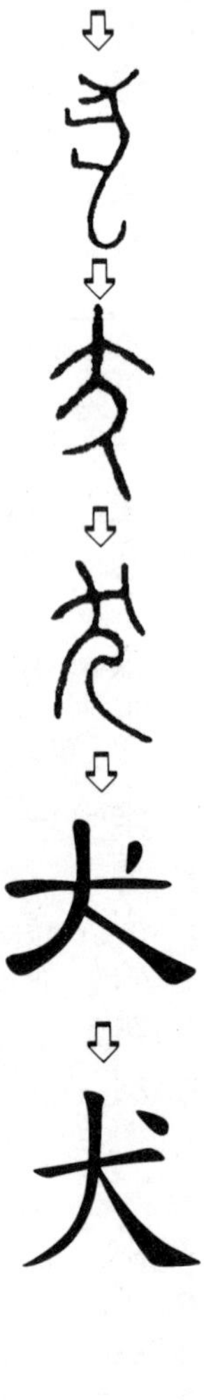

解說

從甲骨文、金文的形體看來，就像一隻狗側面的形狀：上面像狗頭，中間像狗身，下面像狗尾，左邊像狗的腳；是個「象形字」。而從篆文的形體看來，象形特徵已經看不太出來。

古人以為當狗的小腿上長出懸蹄，就叫「犬」；也以為大的狗叫做「犬」、小的狗叫做「狗」；但犬狗通名，是一樣的意思；又以為古文字中肚腹瘦小、尾巴向上捲曲的叫做「犬」，肚腹肥胖、尾巴下垂的叫做「豕」。總之，古代人叫做「犬」，現代人都叫做「狗」。

因此，用「犬」組合的字，與「狗或別種獸類動物」有關；亦用來表現「人的某種性格(獸性)、行為(獸行)、表情、脾氣」；如：犯、犴、狁、獒、猷、獃、獸。

用做部首時，有二種寫法：❶犬；❷犭。查部首時，有三種情況：

❶字左有「犭」：狗、狀、猴、獨、獵、猛、猜、獲、狐、犯、獅、狼、猿、狠、狄、獄、狂、狸、猶、狡、狹、猩；這種情況最多，我們叫它做「反犬旁」。

❷字右有「犬」：獸、默、獻；我們叫它做「犬尤兒」。

❸字下有「犬」：獎。

注意！字左是「犭」，即使字右是其它部首，一般仍舊查「犬」部；如：「犯、狄、狂、狠、狼、狽、狸、猜」。

牛刀小試

(1)好（　　）　(2)狂（　　）　(3)實（　　）

(4)狀（　　）　(5)妝（　　）。

（三十）「穴」，五畫，是可以提供人們居住的洞穴。

圖示

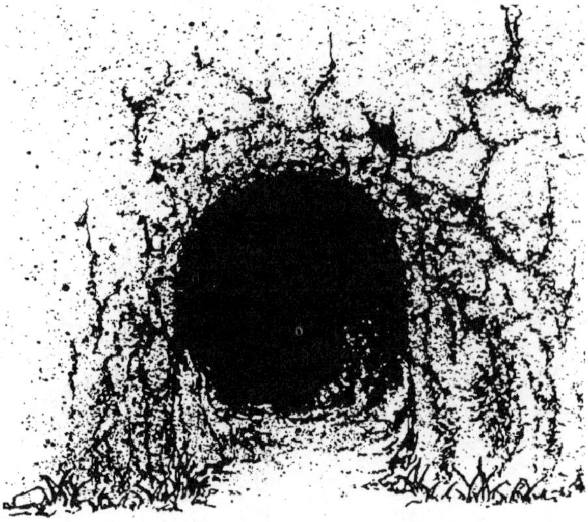

解說

像洞穴，有挖痕或通風口

古代文字的形體演變

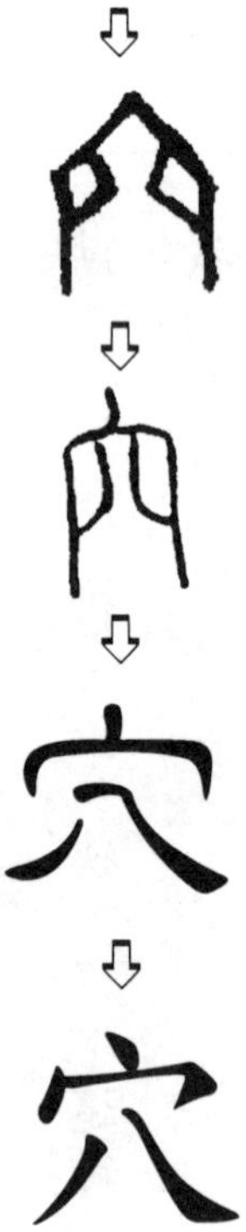

金文

篆文

隸書

楷書

甲骨文的文字裡，沒有這個字；從金文、篆文的形體看來，就是「洞穴」的意思；不過學者們對這個字的解釋各有不同；有些學者以為：是將土挖除，內部中空，外形呈圓形，裡面有挖過的痕跡的樣子；也有學者以為：這是兩個洞穴左右相對的樣子；但也有人以為：裡面的兩個半圓弧像是洞穴中的水滴；另外也有學者以為：是有窗口可以通風的岩洞或居所、土室；總之，就是古人用來居住的土穴；是個「象形字」。

因此，用「穴」組合的字，與「洞穴」、「居住的地方」有關；如：穴、究、空、穹、穿、突。

查部首時，只有一種情況，那就是字上有「穴」，就可以查「穴」部，如：空、穿、突、究、窗、窮、窩、窄、窯、竄；我們叫它做「穴寶蓋」、「穴字頭」、「上穴部」或「穴部頭」。

注意！這些字即使字下是其它部首，仍然查「穴」部：

「空」：就是孔穴的意思；不查「工」部。

「穹」：指中間突起、兩旁下垂的意思；不查「弓」部。

「穿」：破壞成一個孔洞；不查「牙」部。

「突」：狗從洞中突然跑出來；現在查「穴」部，不查「犬」部。

牛刀小試

(1) 念（　　）(2) 究（　　）(3) 找（　　）

(4) 拿（　　）(5) 計（　　）。

（三十一）「羊」，五畫，是一種陸行哺乳動物。

圖示

古代文字的形體演變

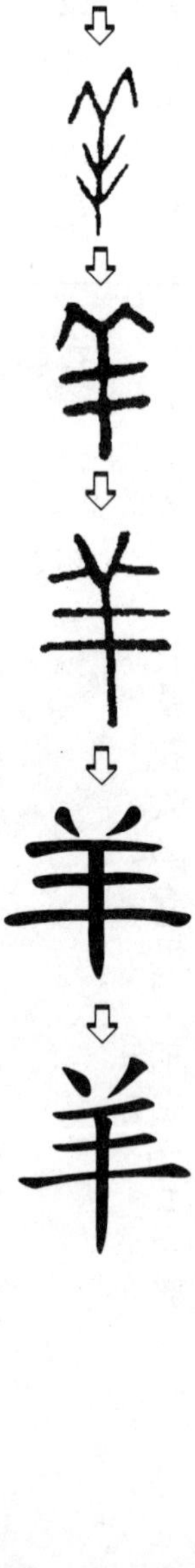

甲骨文

金文

篆文

隸書

楷書

解說

從甲骨文、金文的形體看來，都用羊頭的——形狀來代表整隻的「羊」，這是因為老祖宗在造字的時候，發現在陸地上的四腳動物，大部分都很相像，所以，為了分別每個字的不同，就要找各個動物的特色，而「羊」就在它正面的彎曲羊角，所以，字形上面是彎曲的羊角，下面是羊長形頭的臉，因此，「羊」是個「象形字」。不過，篆文的形體已經不太相像了。

因此，用「羊」組合的字，與「羊類動物」有關；又羊在古人的眼中屬於「吉祥」的動物，所以，又與「美好」的意思有關；如：群、羸、羚、羯、羌、美、羔、善、義。

用作部首時，有二種寫法：❶羊；❷⺷。

查部首時，有二種情況：

❶字上有「⺷」：美、義、善、羞、羨；我們叫它做「羊字頭」、「沒尾羊」、「缺尾羊」

❷字右或字左有「羊」：群、羝、羢、羯；我們叫它做「羊字旁」。

注意！以下的字要小心辨別：

「恙」：心中憂愁的意思，字上的「羊」是「痒」字的省略寫法，是令人難忍的病，因此，得了這種病，心中自然憂愁；查「心」部。

「養」：本來指手拿著鞭子或棒子在牧羊，後來表示供給食物讓生命得以繼續生長下去的意思；現在查「食」部。

「姜」：姓氏；查「女」部。

「翔」：繞圓圈地飛行；查「羽」部。

牛刀小試

(1)細（　）(2)羝（　）(3)維（　）

(4)迪（　）(5)羞（　）。

（三十二）「門」，八畫，是具有二扇門、左右對開的出入口。

圖示

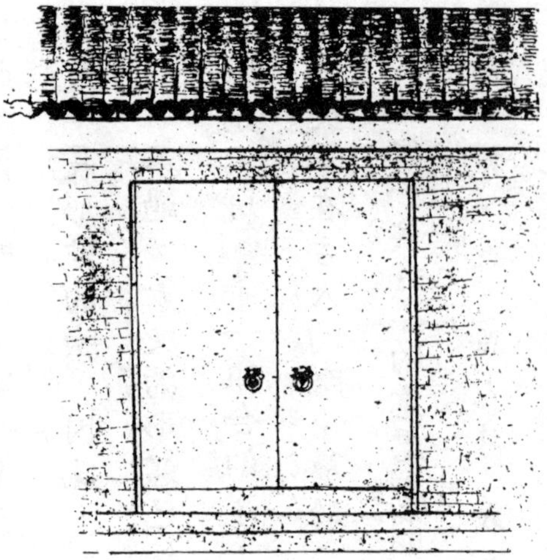

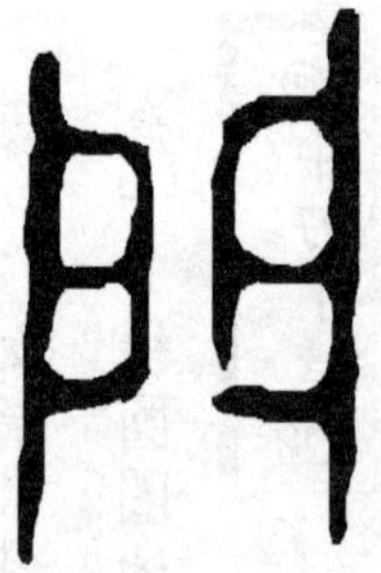

像左右兩扇「戶」組成的門

古代文字的形體演變

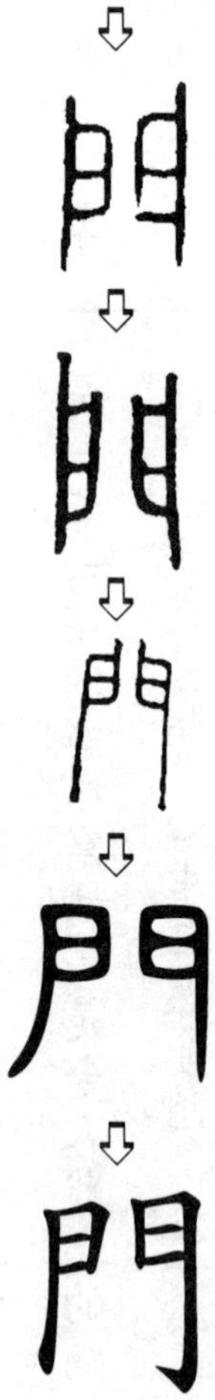

甲骨文

金文

篆文

隸書

楷書

解說

古代的門有二種，一種是單扇門的方式，叫做「戶」，一種是雙扇門的方式，也就是兩個

「戶」組成，就叫做「門」；古人說：單扇門叫「戶」，雙扇門才叫「門」，也就是這個意思；從甲骨文、金文和篆文的形體看來，都像是「門」的外形，這也是個「象形字」。

學者說：在商代的時候，「門」才發展出來，而且是在大建築物興建之後才有的；從遺跡上來看，人數少的住家，一般是用「戶」，而人數較多的則用「門」；另外，房子對外的出入口一般用「門」，屋內房間的出入口則用「戶」；不過，商朝時，仍以宮殿、宗廟等公共場所才用的到「門」。

因此，用「門」組合的字，與「門」有關；如：門、閃、閉、閔、閏、開、閑、間、閒、閘。

查部首時，只有一種情況，那就是字外有「門」，就可以查「門」部，如：開、間、關、閃、閒、閉、閱、闆、閣、闊、闖、閻、闢；我們叫它做「門字框」。

注意！「悶」不是「門」部的字，意思是將心關在門裡，自然就不舒服，因此，「悶」有心煩的意思；又讀「ㄇㄣ」，表示不通風，天氣令人難受的意思；不查「門」部。

不過，除了「悶」字以外，如果字外是「門」，即使字中有其它部首，一般還是查「門」部；如：「門、閃、閔、閏、閑、間、閒、閩、闖」。

牛刀小試

(1)早（　）(2)閒（　）(3)項（　）

(4)閉（　）(5)丈（　）。

第三類常用部首

（三十三）「工」，三畫，是一種工作時使用的工具。

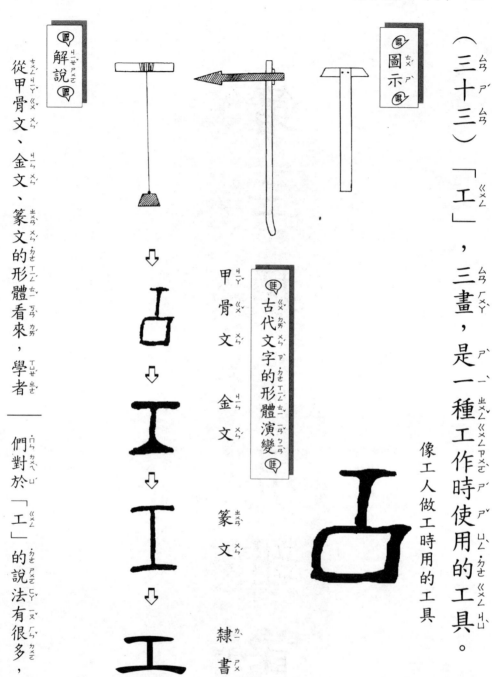

像工人做工時用的工具

圖示

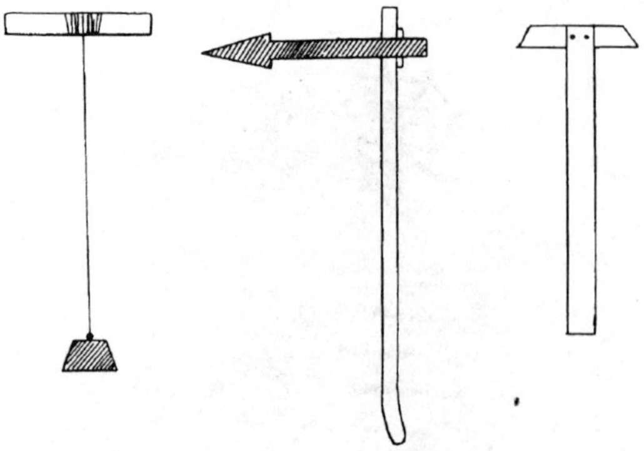

古代文字的形體演變

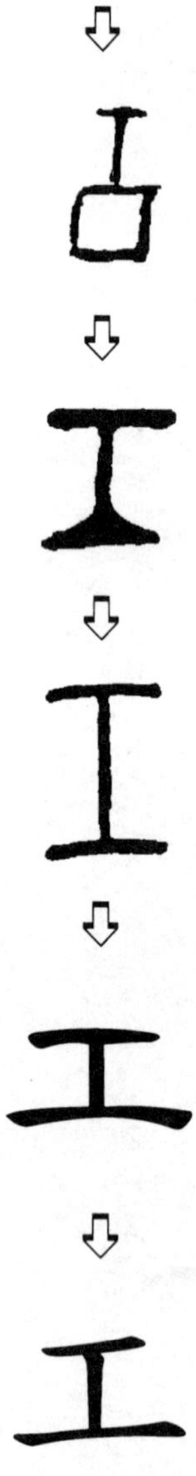

解說

從甲骨文、金文、篆文的形體看來，學者們對於「工」的說法有很多，主要的有八種：

第一種說法：以為是古代工人畫矩（方）形的工具，就像現代製圖用的丁字尺；第二種說法：以為是古代砍伐樹木的一種工具，可能是斤斧類或是刀子類的工具；第三種說法：以為是施工用的器具，上面是握柄，下面是器具，是一種測量建築物是不是直立於地面的「錘」；第四種說法：以為是正方形的器具，用來測量方形物是不是合乎標準；第五種說法：以為是床頭的橫木；第六種說法：以為像玉塊相連連的形狀；第七種說法：以為是一種紡織用途的工具形狀；第八種說法：以為夯杵的形狀，是建築房屋城牆的工具；總之，「工」是一個「象形字」；本來是指工人做工時的工具，後來泛指百工、工具，或是矩尺、工具箱、拿工具的人、擅長某技術的人等。

因此，用「工」組合的字，與「工匠」、「工具」、「技巧」有關；如：巨、左、巫、差、巧。

查部首時，有三種情況，都是查其它部首查不到字時使用：

❶字下有「工」：差、左。

❷字左有「工」：巧。

❸字中有「工」：巨、巫。

注意！「差」是與原本要求不同、不合，不查「羊」部；「巫」是兩片玉交錯相連，來表示祭祀的人，現查「工」部，不查「人」部。

牛刀小試

(1)左（　）(2)紅（　）(3)巨（　）

(4)竺（　）(5)巫（　）。

（三十四）「干」，三畫，是種打戰用的兵器，可能具有攻防合用的功能。

圖示

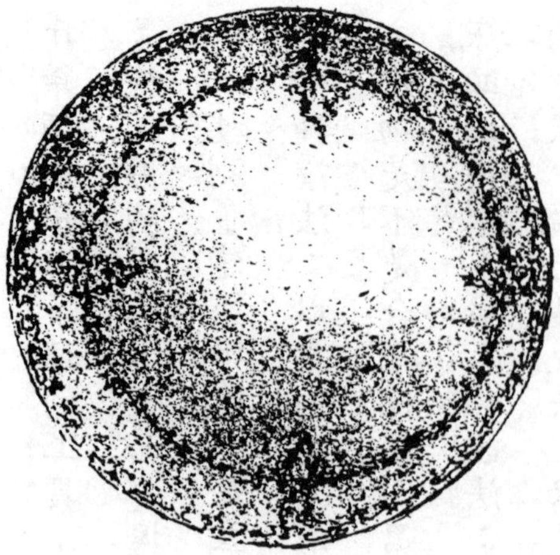

像攻擊用或是防禦用的兵器

古代文字的形體演變

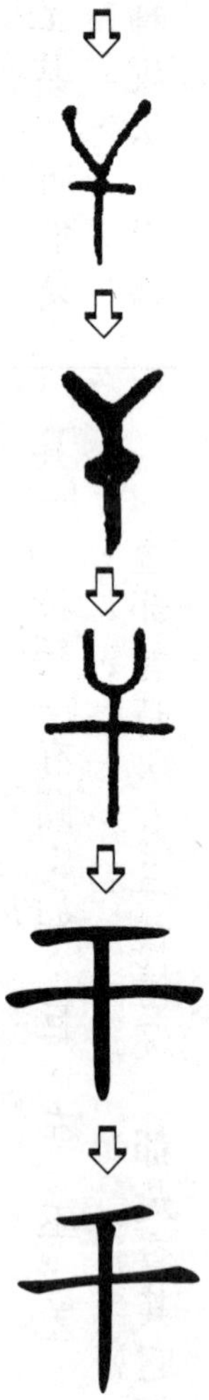

甲骨文

金文

篆文

隸書

楷書

解說

從甲骨文、金文、篆文的形體看來，有四種不同的說法：第一種說法：以為是「竿」字最早的寫法，也許就是一種具有攻擊用途的武器；第二種說法：以為「丫」是原始人類最先使用的武器，在樹枝枒椏的兩端綁捆上已經磨制過的鋒利石頭器具，可以用來攻擊人及動物；第三種說法：以為這是種由木頭或金屬鐵製作而成的長形杈，可以用來捕捉獵物使用；第四種說法：以為是防禦用途的武器，是種圓形的盾牌，上面有用羽毛來裝飾，下面有可以放置的「鐏」；總之，「干」是攻防用的兵器，是個「象形字」。

因此，用「干」組成的字，與「犯」、「冒犯」、「衝犯」、「干犯」有關；如：幹。

查部首時，只要其它部首查不到字時，而且，字中有「干」，就可以查「干」部，如：并、年、平、幸、幹。

不過，現在放入「干」部的字，一般都沒有與「干」的意思有關；如：「年」是稻米成孰、收成很多，古代字形是由「人」、「禾」組成或「禾」「千」組成；「平」是說話是呼氣平順，金文由「二」、「釆」組成；「并」是相連、相從，甲骨文由「从」、「幵」組成；「幸」是本有災禍但沒有，金文由「夭」、「屰」組成；字義上都與「干」無關。

牛刀小試

(1)平（　　）(2)整（　　）(3)幸（　　）

(4)划（　　）(5)幹（　　）。

（三十五）「弓」，三畫，也是古代用來打戰的兵器。

圖示

就是「弓」，能將箭射得很遠的兵器

古代文字的形體演變

甲骨文　金文　篆文　隸書　楷書

解說

從甲骨文、金文、篆文的形體看來，就是能將箭射得很遠的一種武器，字形形體像是「弓」不用時把弓弦解下來的樣子，以免弓失去了彈性；不過，從甲骨文、金文形體來看，也有寫成將弓弦綁繫上的樣子，如：「」、「」；總而言之，「弓」就是「射箭的武器」；是個「象形字」。

因此，用「弓」組合的字，跟「兵器」、「弓箭」有關；如：弔、引、弗、弛、弟、弦、弧、弩、弭。

所以，字中有「弓」，而且其它部首不方便查的時候，可以查「弓」部，叫它做「弓字旁」。

查部首時，有二種情況，都是其它部首不方便查字時使用：

❶字左有「弓」：弛、弦、弱、強、弼、彈、彌；我們叫它做「弓字旁」。

❷字下有「弓」：弩、彆。

❸字中有「弓」：弔、弗、弟。

注意！字左是「弓」，即使字右是其它部首，一般還是查「弓」部；如：「引」不查「丨」部；「弘」不查「厶」部；「弧」不查「瓜」部；「弭」不查「耳」部；「張」不查「長」部。

另外，這些字不是查「弓」部：

「穹」：查「穴」部，參見「穴」部。

「躬」：身體彎曲的意思，查「身」部。

「彀」：將張弓拉開的意思，查「殳」部。

又「彎」查「弓」部，不查「言」部。

牛刀小試

(1)弔（　　）(2)弧（　　）(3)丘（　　）

(4)廂（　　）(5)弟（　　）。

（三十六）「斤」，四畫，是種砍劈時使用的工具。

圖示

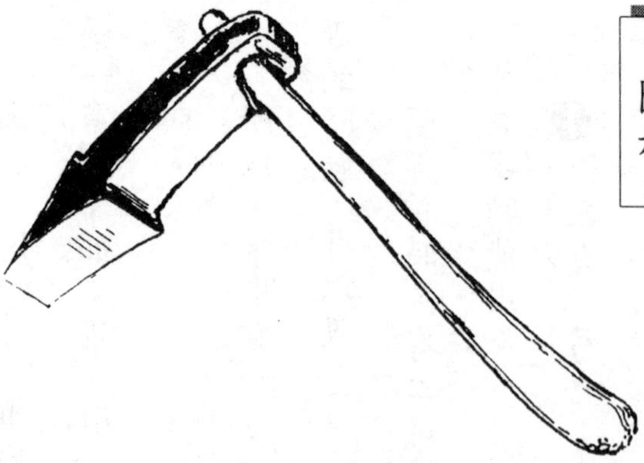

像一種砍樹用的斧頭類工具

古代文字的形體演變

解說

就是古代一種專門用來砍樹木的工具的側面形狀，從甲骨文的形體看來，上面是橫向的

「刀刃」，朝左像箭頭部分的是「刀口」，直豎著的一長畫是彎曲形狀的握柄；從金文的形體看來，上面是刀刃，左邊像刀面，右邊像刀背，是個「象形字」。篆文的形體已經不太像了。

古人以為用來砍東西的工具都叫做「斧」，而專門用來砍樹木的則叫做「斤」，也就是「短斧」；又說「斧」的刀刃是縱向，「斤」的刀刃是橫向；總而言之，「斤」是種特別的刀刃，跟一般的刀刃是有不同的地方，只是現在的我們很難去分辨了。

後來，「斤」被借為「斤兩」的「斤」，為重量單位，本來的意思反而漸漸就被人們淡忘，也就不再使用「斤」原來的意思了。

因此，用「斤」組合的字，與「刀斧的動作」有關，多為動詞；如：斥、斫、斯、新、斷。

查部首時，有二種情況：

❶字右有「斤」：新、斯、斷、斬。

❷字中或字下有「斤」：斥、斧。

注意！這些字還是要查「斤」部：

「斧」：是用來砍東西的刀子—「斧頭」；不查「父」部。

「斫」：砍擊的意思；不查「石」部，因為這裡的「石」表示的是砍擊時發出的聲音。

「斬」：斷開、砍殺；現在查「斤」部。

牛刀小試

(1)第（　） (2)新（　） (3)努（　）

(4)斧（　） (5)彷（　）。

（三十七）「牛」，四畫，是種反芻性哺乳類動物。

圖示

牛角

牛耳或牛肩

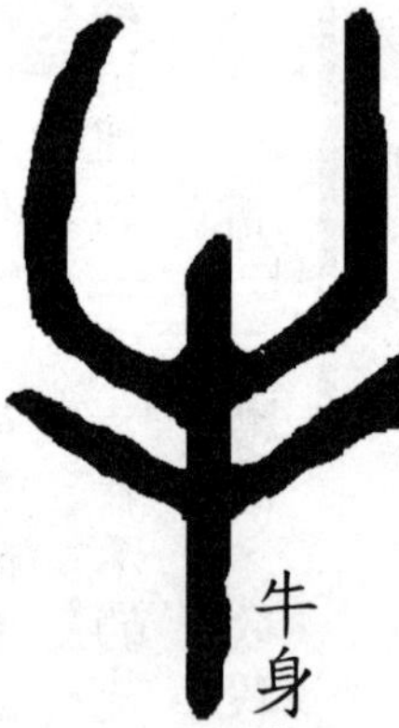

牛身和尾

像牛正面的樣子

解說

古代文字的形體演變

甲骨文

金文

篆文

隸書

楷書

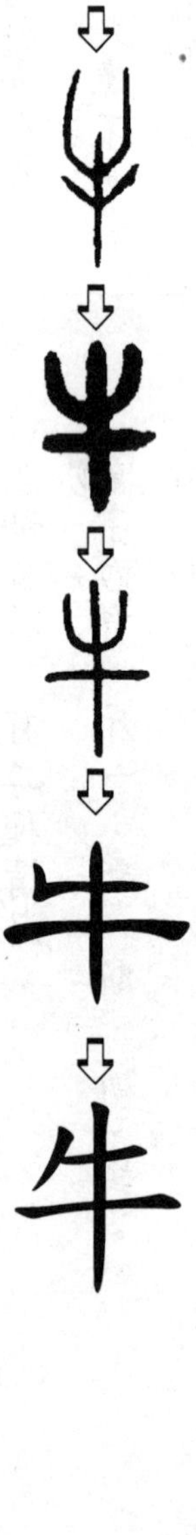

「牛」是種反芻類的家畜，力氣很大，在過去的農業社會裡是用來耕田、和拉載沈重物品的車子；從甲骨文、金文的形體看來，都是一隻牛頭的形象，這是因為老祖宗在造字的時候，發現陸上的四腳動物，外形都很相像，就必須找出每個動物的特點來表示，而牛角向上的樣子正好可以表示「牛」；因此，字形看來，上面是向上的牛角，左右斜向上的短橫是牛耳，中間一豎線是牛臉，也有學者以為下面是尾巴；從篆文的形體看來，像牛正面的形狀：上面像牛角，中間像身及尾，一橫是脖子後面突出的寬肩，俗稱的峰，古代稱「犎」；總之，「牛」是個「象形字」。

因此，用「牛」組合的字，與「牛等畜類」有關；如：牠、牡、牝、牧、犛、犖。

查部首時，有二種情況：

❶字左有「牜」：物、牠、特、牧、牲、犧、牡、犄；我們叫它做「牛字旁」或「剔牛兒」。

❷字下有「牛」：牢、犁。注意！「牟、牢、牽、犀」也是「牛」部的字。

另外，「⺧」是牛字的變形，稱為「牛字頭」，但沒有做為「部首」來使用，不要弄錯了。

牛刀小試

(1)告（　　）(2)胃（　　）(3)牢（　　）

(4)犀（　　）(5)胤（　　）。

（三十八）「皿」，五畫，就是現在人說的「碗」。

有底座的盤盂

圖示

古代文字的形體演變

解說

從甲骨文、金文的形體看來，就像古代一種有底座的盤、盂（容量裝得多、器容較深的像「盂」，容量裝得少，器容較淺的像盤）等吃食物用的器皿的形狀，上面是皿口，中間是皿身，下面是底座，就是「碗、碟、杯、盤」一類的古代食用器具的總稱，也代表一種陶制的器皿。但有人以為是用來「吃飯」的器具；從篆文的形體看來，比甲骨文和金文的形體多了可以把握的提耳；是個「象形字」。

因此，用「皿」組合的字，與「盤、盂等一類陶製食器」有關；如：盈、盆、盃、益、盍、盎、盔、盒、盛、盞、盟、盡、監、盂。

查部首時，只要字下有「皿」，就可以查「皿」部，如：盡、盤、盒、盛、盆、盧、盜、鹽、益、監、盞、盈、盪；我們叫它做「血堆兒」、「皿字托」、「皿字底」、「皿墩兒」或「皿墩底」。

注意！字下是「皿」，即使字上是其它部首，一般還是查「皿」部；如：

「盞」：指小而淺的杯子，是古代不同地區的方言字，現在用於燈的單位量詞，如：一盞燈；不查「戈」部。

「盧」：一說以為甲骨文的形體上面像是爐子，下面像爐腳，本義是火爐；一說以為是裝飯的器具；不查「虍」部。

牛刀小試

(1)帥（　）(2)盔（　）(3)戊（　）

(4)盒（　）(5)現（　）。

（三十九）「石」，五畫，是自然界物質——「石頭」。

圖示

右是山崖
左下是塊大石頭

古代文字的形體演變

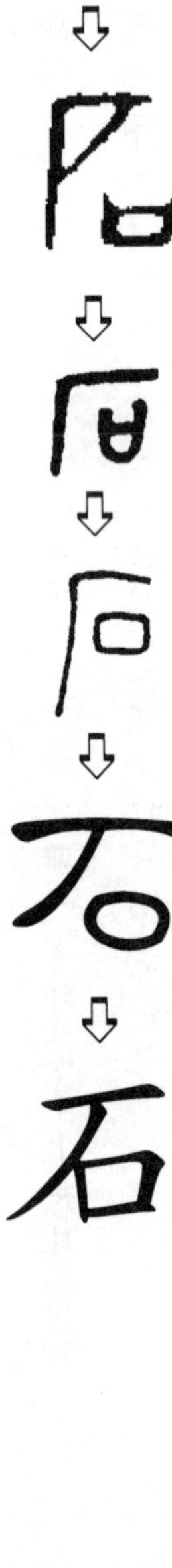

甲骨文

金文

篆文

隸書

楷書

解說

在甲骨文的形體裡，也有寫做「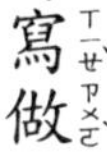」，樣子左右相反，其實字形是相同的；從甲骨文、金文、篆文的形體看來，上面像山崖，下面像有一塊大石頭，而甲骨文的形體中，山崖裡還有挖痕，所以，「石」就是「山上的石頭」；是個「象形字」。

然而有學者以為是「石磬」，是一種古代用石頭做的樂器；也有學者解釋為「口」的「形聲字」；如果這麼說來，「堅硬的石頭」這個意思反而是後來的借用，一借不還了。

不過，樂器屬於人類文化有一定程度發展的物品，我們還是將「石」當作「大石頭」，這樣比較好理解。

因此，用「石」組合的字，與「石頭」、「堅硬」、「石製品」及「石的性質」有關；如：矽、砂、砍、砮、砦、碧。

查部首時，有二種情況：

字左有「石」：砂、研、砸、砥、硫、硬、碎、碰、碗、碘、碌、碉、碑、碳、磋、磅、確、碾、磕、磚、礁、礎、礙、礦、礪、礫；這種情況最多，我們叫它做「石字旁」。

❷字下有「石」：碧、磐、磬、礬、磨。注意！字左是「石」，即使字右是其它部首，一般還是查「石」部；「矽、砍、破、硯、碩、碼、磺」。

牛刀小試

(1)祥（ ） (2)破（ ） (3)裝（ ）

(4)雙（ ） (5)砌（ ）。

（四十）「里」，七畫，是人們自然而然聚集在一起生活的地方。

圖示

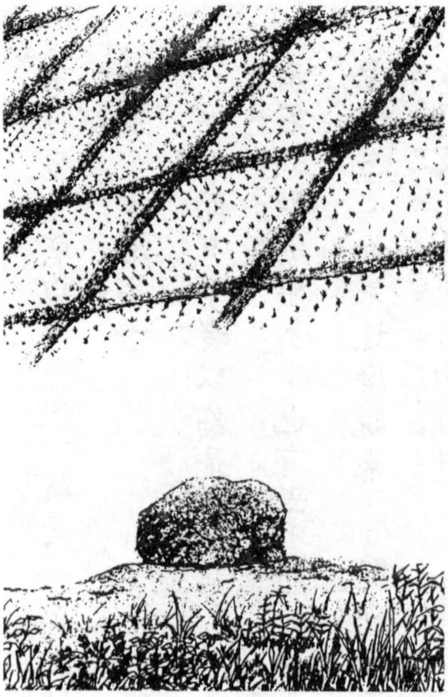

上「田」下「土」表示人耕田維生的地方

古代文字的形體演變

金文

篆文

隸書

楷書

解說

甲骨文的文字，沒有這個字；從金文、篆文形體看來，「里」是由上面的「田」、和下面的「土」組成；「土」就是土地；「田」是耕種的田，在古代又有分區、界線的意思；所以，里就是人們聚居，耕田為生的地方；是個「會意字」。

因為，「里」是人們群居的地方，引申做為居民的單位；如鄰里。

後來又假借為長度的單位；如：公里。

因此，用「里」組合的字，與「居住的地方」有關；如：重、量、釐、野。

查部首時，有二種情況：

❶字下有「里」：重、量。

❷字左有「里」：野。

注意！這些字要小心辨別：

「量」：指測量東西的輕重；字上的「曰」是要稱重的東西，學者以為是「米」，不查「日」部或「曰」部。

「童」：有罪的男奴隸；字上不是「立」是「辛」，犯錯有罪的意思；查「立」部。

「裏」：指衣服內與身體間的中間部分，查「衣」部。

「理」：指修磨玉石要順著玉石的紋理，本義是「修製玉石」；查「玉」部。

「鯉」：水生動物—魚類；查「魚」部。

牛刀小試

(1)千（　）(2)升（　）(3)重（　）

(4)童（　）(5)覽（　）。

(四十一)「馬」，十畫，是古代人們的好幫手。

圖示

古代文字的形體演變

甲骨文

金文

篆文

隸書

楷書

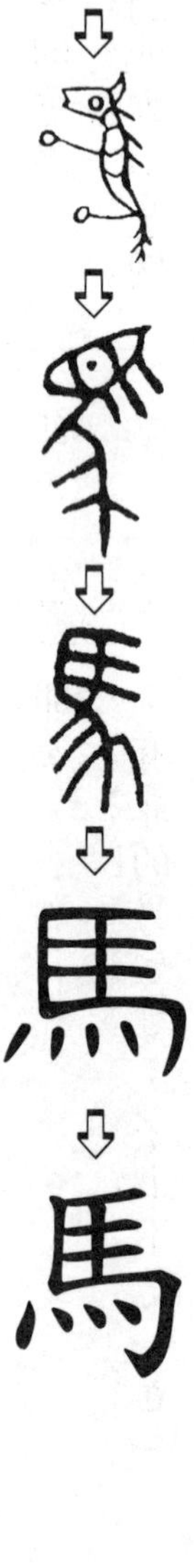

解說

從甲骨文、金文的形體看來，就像一隻馬的外形：有馬頭、馬眼、馬鬃、馬身、四肢、及馬尾；是個「象形字」；金文的形體還把馬的眼睛特別地突顯出來；到了篆文的形體，由於上面的馬眼（目）與三橫線（馬鬃）共用筆畫，反而讓人看不出馬的樣子了。

由於古代馬是用來搬運物品或是打戰時做為騎乘的動物，因此，用「馬」組合的字，與「馬」、「馬的特性」都有關係；如：馭、馳、馴、馱、馯、駑、駕、騖、驚等。

查部首時，有三種情況，

字左有「馬」：馳、駁、駝、駐、駟、駛、駒、駙、駭、駢、駱、騁、駿、騎、騙、騷、驅、驃、騾、驕、驛、驗、驟、驢、驥、驪；這種情況最多，我們叫它做「馬部旁」。

❷字下有「馬」：駑、駕、騖、驚。

❸字右有「馬」：馮。

注意！這些字也是查「馬」部：

「騰」：指馬奔跑、跳躍的樣子，不查「月」部或「肉」部。

「驀」：指馬的動作快、迅速，一般表示「突然」的意思；不查「艸」部。

「騫」：指馬的肚子低垂、陷下的樣子，也指人名，但古代常表示「舉高」的意思，不查「宀」部。

牛刀小試

(1)駕（　　）　(2)乞（　　）　(3)馮（　　）

(4)亞（　　）　(5)驀（　　）。

（四十二）「冫」，二畫，是自然界水遇冷而結成冰塊的一種狀態。

圖示

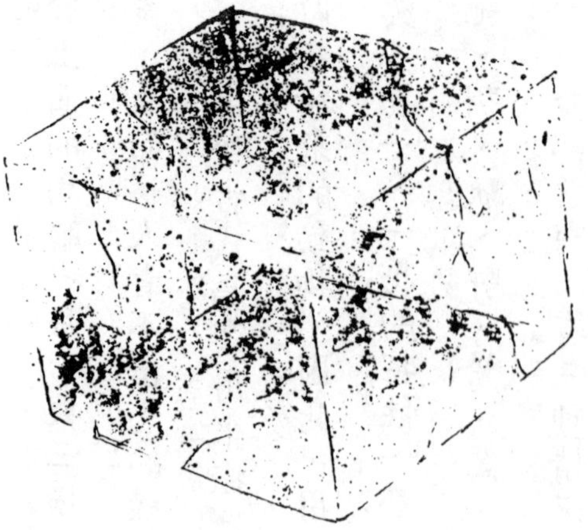

像水結冰的樣子或
像冰塊破裂的花紋

古代文字的形體演變

甲骨文

金文

篆文

隸書

楷書

解說

「冫」就是「冰」，是水遇寒而結成的固體；從甲骨文、金文和篆文的形體看來，就像水遇冷結成冰塊的形狀；或者說像是冰塊破裂產生的花紋、紋理；是個「象形字」。

不過，有學者以為「冫」是「澮」字的原本的寫法，或「川」字不同的寫法（字的變體），是將水流暢的線條轉變為折疊的形狀，是個「指事字」。總之，這些說法是可以相互參考的。

因此，用「冫」組合的字，與「冰凍」、「寒冷」有關，而且，「冫」有時是「氵（水）」的省略筆畫的寫法，故又與「水」有關；如：冰、冶、冷、冽、凍、凌、准、凋、凜、凝、冬。

查部首時，有二種情況：

❶字左有「冫」：冷、冰、凍、准、凌、凝。

❷字下有「冫」：冬。

我們叫它做「兩點水、兩點冷」。注意！這些字即使字中出現其它部首，還是查「冫」部：

「冬」：指一年最後的一個季節，不查「夂」部，現在查「冬」部。

「冰」：指水遇冷凝結而成的固體，是「凝」字最早的寫法；不查「水」部。

「准」：本寫作「準」，水面平坦的意思，現在表示准許、允可；不可查「隹」部。

牛刀小試

(1)餐（　）(2)冰（　）(3)乘（　）

(4)冬（　）(5)內（　）。

（四十三）「己」，三畫，像物體彎曲的樣子。

圖示

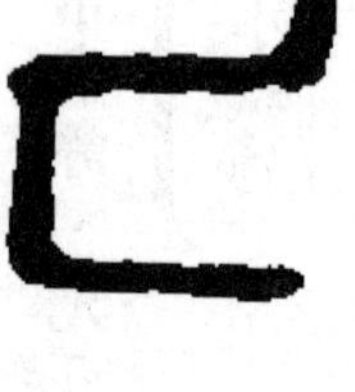

像繩子彎曲的形狀

解說

古代文字的形體演變

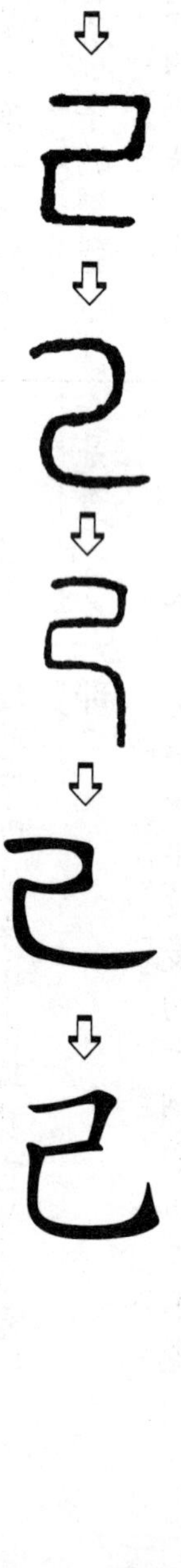

甲骨文

金文

篆文

隸書

楷書

從甲骨文、金文和篆文的形體看來，學者以為像「髮簪（用來固定長髮不致散亂的器具）彎曲」的樣子；也有學者以為像「絲線」或「繩子彎曲」的形狀；又有人說像「胎兒」的形狀，頭部特別突出和彎曲的身體；總而言之，就是像「物體彎曲盤繞」的樣子；是個「象形字」。

但後來借用為天干的第六位，本來的意思反而很少人知道了。

因此，用「己」組合的字，有「形狀彎曲」的意思；如：己、已、巴、巷、巽。

所以，字中有「己」、「已」、「巳」，可以查「己」部。

注意！「己」部的字不要和「卩」部的字弄混淆了，如：

「巷」：字下是「㔾」，不是「巳」，本義是古代的小胡同，也就是現代的小街道；不可查「卩」部。

「巽」：字上是「巳」，不是「㔾」，本義是完備、沒有缺少的意思；不查「八」部或「卩」部，現在查「己」部。

「卷」：字下是「㔾」，不是「巳」，腳部彎曲的意思；不查「己」部，查「卩」部。

「危」：字下是「㔾」，不是「巳」，像人站在傾斜的高處，隨時有掉下來的可能；不查「己」部，查「卩」部。

牛刀小試

(1) 年（　　） (2) 巴（　　） (3) 彎（　　）

(4) 巷（　　） (5) 卷（　　）。

（四十四）「戶」，四畫，是單扇的「門」。

圖示

就是有戶樞的單扇門

古代文字的形體演變

甲骨文

金文

篆文

隸書

楷書

解說

從甲骨文、金文的形體看來，就是單扇的門，有戶樞（轉軸），有扇（門板），還有門閂

（用來上鎖的器具）；是個「象形字」。但篆文的形體已經不太像了。

古代，「戶」與「門」是有區別的，只是現在都叫做「門」；兩者除了「單扇」與「雙扇」的差別外（參考「門」部），還有社會地位的差異；「門」一般都指大戶人家，世家顯赫，地位權貴，「戶」則指地位低下的世井小民；當然，因此財富與地位的不同，自然也就表現在建築物上面了，有錢人家，自然人多，住宅大，「門」也就大，表現氣派，也表現身分的顯貴；世井小民則三餐求溫飽，家庭成員少，住的地方也小，自然不用「門」，只需用「戶」了。

因此，用「戶」組合的字，與「門戶」有關、尤其與「單扇門」有關的事物；如：房、戾、所、扁、扇。

查部首時，只有一種情況，那就是字上有「戶」，就可以查「戶」部，如：房、扇、扁；我們叫它做「戶字頭」。

注意！「所」也是「戶」部的字，意思是某一地方，如：診所、衛生所；不查「斤」部。

還有，即使字下是其它部首，一般還是查「戶」部；如：「房、戾、扈、扉」。

不過，「肩」是身體的一部分，指脖子到手臂的部分；查「肉」部；要小心。

牛刀小試

(1)皆（　　）(2)房（　　）(3)盧（　　）

(4)所（　　）(5)砍（　　）。

（四十五）「臼」，六畫，是用來杵米去糠的工具。

圖示

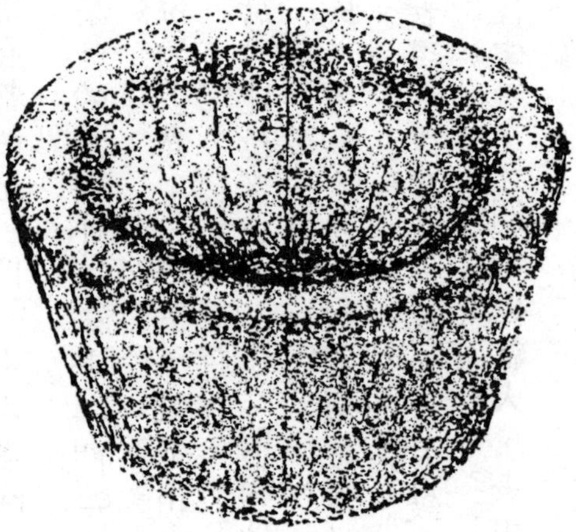

中間剖空用來舂米的容器

古代文字的形體演變

甲骨文

金文

篆文

隸書

楷書

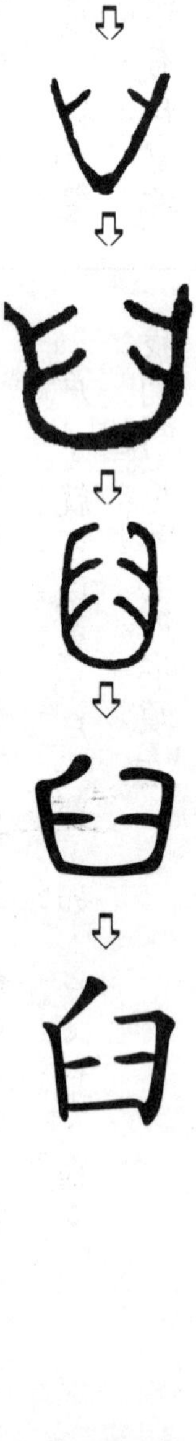

解說

從甲骨文、金文、篆文的形體看來，就像一個舂米去殼的工具；是個「象形字」；學者以為外面像剖空的物品，裡內有米粒粘在上面，或者是器品上面的紋理、紋路；總之，功能主要用來舂米，使米的外殼脫落，才更好吃。總之，「臼」就是用來去除穀物外殼的器物。

因此，用「臼」組合的字，與「臼」、「臼的功能」、「臼類器具」有關，或「外形與臼相像」有關；如：舀、舂、舅、舊。

查部首時，字上或字下有「臼」，就可以查「臼」部；如：與、興、舉、舀、舂、舅、舊。

注意！這些字也併在「臼」部裡：與、興、舉；它們原本是「𦥑」部（「𦥑」是叉手的意思）的字，因為形體與「臼」相像，現在已經廢除不用。

注意！這些字要小心辨別：

「興」：甲骨文像是四隻手將東西抬起來，本義是抬起、起來的意思，現在也表示開始、發生等義；不查「八」部。

「與」：現在指給予、一起的意思；也不查「八」部。

「舀」：用瓢子、勺子等器具，從容器中把液體裝出來的動作，古文字用「爪」、「臼」組成；查「臼」部，不查「爪」部。

牛刀小試

(1)准（　　）(2)尖（　　）(3)舀（　　）

(4)蹈（　　）(5)巽（　　）。

（四十六）「虍」，六畫，也就是「虎」。

圖示

解說

像隻老虎張開嘴的樣子
上是頭、右是身軀
左是腳、下是尾巴

古代文字的形體演變

甲骨文

金文

篆文

隸書

楷書

從甲骨文的形體看來，「虍」像張著血盆大口、露出尖利的牙齒、及毛皮有花紋的老虎側面形狀；從金文的形體看來，沒有了老虎上面的花紋，就比較沒有這麼生動了；從篆文的形體看來，倒像是老虎後腳坐下來的樣子，不過很難看出老虎的外形；到了隸書、楷書的形體後，比較其它字體，可發現省略了最下面的虎腳，更看不出是隻老虎的樣子；是個「象形字」。

因此，用「虍」組合的字，與「虎」、「虎一類的動物」有關；如：虎、虐、虔、彪、號、虢、虩、虧。

查部首時，字中如果沒有其它常用的部首，有「虍」，就可以查「虍」部，叫它做「虍字頭」、「上虍部」或「虍部頭」。

注意！以下這些字要小心辨別：

「盧」：指吃飯的用具，查「皿」部，不查「虍」部；參見「皿」部。

「虎」：就是老虎的意思，字下的「儿」是老虎的腳，不要把它和「儿」部混淆了；不可查「儿」部。

「虐」：指老虎用腳抓人，後來表示殘害的意思；下不是「彐」，不可以查「彐」部。

「虔」：老虎行走的樣子，後來指態度恭敬、謹慎；不可查「文」部。

牛刀小試

(1)彰（　） (2)號（　） (3)彩（　）
(4)扇（　） (5)虧（　）。

（四十七）「虫」，六畫，就是「蛇」。

圖示

像條蛇仰起三角形的頭、盤曲身體的樣子

解說

古代文字的形體演變

甲骨文

金文

篆文

隸書

楷書

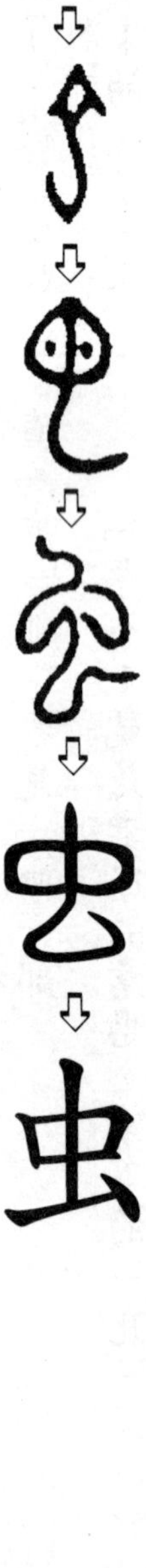

從甲骨文、金文的形體看來，「虫」是一條大頭蛇的外形；從金文的形體看來，上面還有兩點的花紋，可是到了篆文的形體就看不出蛇的樣子了；所以，「虫」就是蛇，像頭大尖形、彎曲的蛇身、及翹起的蛇尾的樣子；不過，有學者以為「虺」的本字就是「虫」，是「毒蛇」的意思，在甲骨文的形體中，「虫」與「它」是同一個字，而「虫」是從「它」字衍變而來的；是個「象形字」。

因此，用「虫」組合的字，與「蛇」有關；或古人常借「虫」為「蟲」，所以，也與「鱗介」、「昆蟲」、「爬蟲」等有關；如：虱、蚤、蚩、蛋、蜇、蜀、蜃、蜜、螢、螫、虹、蚊、蚪、蚓、蚌、蚣、蛇、蛀、蚶、蛄。

查部首時，有二種情況：

❶字左有「虫」：蛇、蜂、蝶、蝴、蠟、蟻、蝦、蛙、蛛、蠅、蜘、蟬、蚓、蚯、蠕；這種情況比較常見；我們叫它做「虫字旁」。

❷字下有「虫」：虱、蚤、蚩、蜇、螫、蟹、蠢、蠡、蠶、蠹、蝨。

注意！這些字也是「虫」部的字：「蝕、融、蟲、蛋、蜀、蜃、蜜、螢、蠻」。

另外，字左是「虫」，即使字右是其它部首，一般還是查「虫」部；如：虹、蚊、蚪、蚶、蛭、蜻、螞。

牛刀小試

(1)殼（　　）(2)蚊（　　）(3)蜜（　　）

(4)殿（　　）(5)爸（　　）。

（四十八）「酉」，七畫，是裝酒的瓶子。

像裝有半滿酒的酒器

圖示

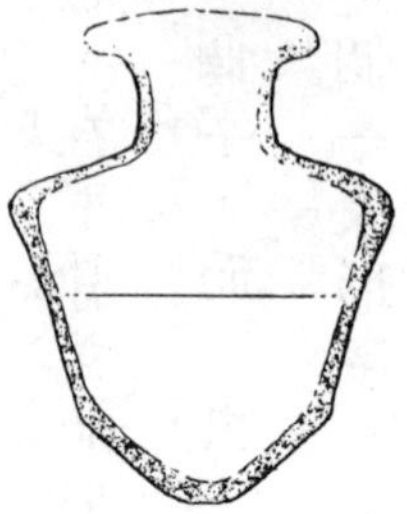

古代文字的形體演變

甲骨文

金文

篆文

隸書

楷書

解說

從甲骨文、金文、篆文三者的形體看來，「酉」就是「裝酒的容器」，在容器裡面還裝有半滿的酒，所以，「酉」用來表示「酒」的意思；是個「象形字」。

因此，用「酉」組合的字，與「酒等發酵食品」、「化學品」有關；如：酋、醫、醬、酊、配、酌、酎、酏、酖、酗、酣、酥、酢。

查部首時，有二種情況：

❶字左或字右有「酉」：酒、醒、配、酸、醜、醉、酷、酬；可以叫它「酉字旁」。

❷字下有「酉」：醫、醬。

注意！以下這些字還是「酉」部的字：

「酋」：指釀得很久的酒，後來這個意思很少用，常用的意思指一個部落的首長，如酋長。

「酒」：就是「酉」，後來「酉」字被借用為地支第十位，本來的意思就在字左加「氵」作「酒」來表示，不查「水」部。

「釁」：是古代祭祀的一種儀式，用動物的血塗在容器(酉)的裂縫上，所以查「酉」。

「醫」：因為「酒(酉)」能用來治病，古人就說：酒，百藥之長；現在查「酉」部。

另外，字左有「酉」，即使字右有其它部首，仍查「酉」部，如：配、酌、酣、酥、醜；又「酉」跟「西」是不同的。

牛刀小試

(1)罕（　　）(2)配（　　）(3)酒（　　）

(4)罟（　　）(5)醫（　　）。

（四十九）「魚」，十一劃，是生活在水中的動物。

圖示

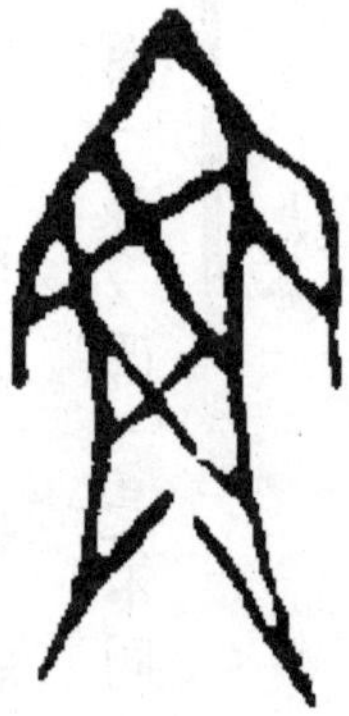

像魚的外形

古代文字的形體演變

甲骨文　金文　篆文　隸書　楷書

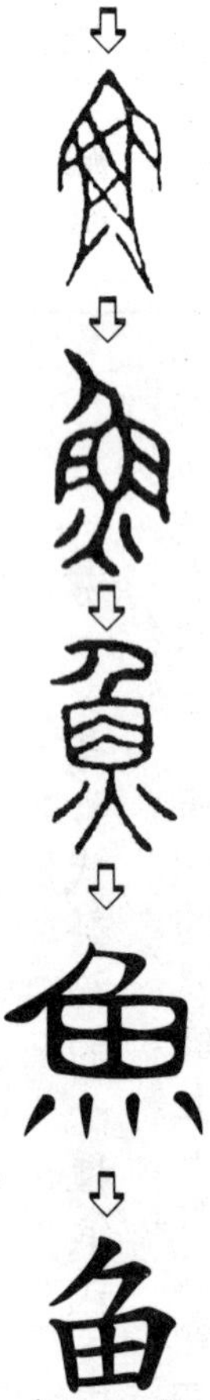

解說

從甲骨文、金文的形體看來，不僅像有魚頭、魚身、魚尾、魚鰭、甚至魚身上面還有鱗片的魚的外形！是個「象形字」。而篆文的外形就不太像了。

因此，用「魚」組合的字，與「魚類名稱」、「魚的器官」、「魚類食品」、「水中生活的動物」有關；如：魛、魟、魴、魷、魨、魯、鯊、鱉。

查部首時，有三種情況：

❶字上有「魚」：魯。

❷字左有「魚」：魷、鮑、鮫、鮪、鯽、鯨、鯧、鰓、鰍、鰭、鰥、鰱、鰾、鰻、鱔、鱗、鱖、鱷、鱸；我們叫它做「魚字旁」。

❸字下有「魚」：鯊、鱉。

注意！篆文字形下面的「火」是魚尾，就像燕子的「燕」一樣，都是「尾巴」的意思，是古人改變甲骨文、金文形體的筆畫時，才變成這樣寫的，可是後人卻被弄迷糊了，現在的楷書更把字體下面寫成四點「灬」，其實，跟「火」一點關係也沒有。

注意！字左是「魚」，即使字右是其它部首，一般還是查「魚」部，這是因為這些字大部分說的是不同種類的魚的名稱；如：「魛、魴、鯉、鯡」。

另外，「鮮」不查「羊」部，古代羊有好、善良等意思，用來表示魚的新鮮。

不過，「穌」是拿禾稻的莖桿，查「禾」部，不查「魚」部。

牛刀小試

(1)舅（　　）(2)鮮（　　）(3)舊（　　）

(4)彪（　　）(5)鯊（　　）。

你做對了嗎？

（一）水：(1)水(2)口(3)水(4)人(5)水
（二）木：(1)木(2)口(3)人(4)木(5)人
（三）糸：(1)水(2)心(3)糸(4)糸(5)手
（四）宀：(1)水(2)心(3)手(4)手(5)言
（五）艸：(1)糸(2)辵(3)言(4)艸(5)心
（六）土：(1)土(2)土(3)口(4)人(5)隹
（七）刀：(1)糸(2)刀(3)宀(4)口(5)刀
（八）日：(1)宀(2)日(3)艸(4)水(5)日
（九）一：(1)人(2)糸(3)一(4)一(5)斤
（十）火：(1)艸(2)艸(3)火(4)火(5)土
（十一）貝：(1)貝(2)攴(3)貝(4)貝(5)日

（十二）阜：(1)阜(2)頁(3)一(4)火(5)火
（十三）竹：(1)女(2)竹(3)竹(4)宀(5)土
（十四）金：(1)口(2)广(3)金(4)竹(5)金
（十五）田：(1)田(2)糸(3)田(4)宀(5)禸
（十六）巾：(1)頁(2)巾(3)巾(4)刀(5)阜
（十七）戈：(1)鬼(2)心(3)心(4)竹(5)戈
（十八）玉：(1)竹(2)玉(3)力(4)玉(5)玉
（十九）示：(1)目(2)目(3)示(4)示(5)金
（二十）衣：(1)子(2)子(3)衣(3)衣(5)口
（二十一）隹：(1)子(2)肉(3)儿(4)隹(5)隹
（二十二）雨：(1)巾(2)雨(3)戈(4)雨(5)示
（二十三）月：(1)又(2)刀(3)月(4)火(5)月
（二十四）禾：(1)女(2)禾(3)禾(4)禾(5)口

（二十五）十：(1)口(2)囗(3)人(4)十(5)目

（二十六）車：(1)戈(2)玉(3)車(4)玉(5)示

（二十七）二：(1)人(2)大(3)二(4)月(5)止

（二十八）夕：(1)禾(2)禾(3)夕(4)禾(5)十

（二十九）犬：(1)女(2)犬(3)宀(4)犬(5)女

（三十）穴：(1)心(2)穴(3)手(4)手(5)言

（三十一）羊：(1)糸(2)羊(3)糸(4)辵(5)羊

（三十二）門：(1)日(2)門(3)頁(4)門(5)一

（三十三）工：(1)工(2)糸(3)工(4)竹(5)工

（三十四）干：(1)干(2)攴(3)干(4)刀(5)干

（三十五）弓：(1)弓(2)弓(3)一(4)广(5)弓

（三十六）斤：(1)竹(2)斤(3)力(4)斤(5)彳

（三十七）牛：(1)口(2)肉(3)牛(4)牛(5)肉

（三十八）皿：(1)巾(2)皿(3)戈(4)皿(5)玉

（三十九）石：(1)示(2)石(3)衣(4)隹(5)石

（四十）里：(1)十(2)十(3)里(4)里(5)見

（四十一）馬：(1)馬(2)乙(3)馬(4)二(5)馬

（四十二）冫：(1)食(2)冫(3)丿(4)冫(5)入

（四十三）己：(1)干(2)己(3)弓(4)己(5)卩

（四十四）戶：(1)白(2)戶(3)皿(4)戶(5)石

（四十五）白：(1)冫(2)小(3)白(4)足(5)己

（四十六）虍：(1)彡(2)虍(3)彡(4)戶(5)虍

（四十七）虫：(1)殳(2)虫(3)虫(4)殳(5)父

（四十八）酉：(1)网(2)酉(3)酉(4)网(5)酉

（四十九）魚：(1)白(2)魚(3)白(4)虍(5)魚

〈參考書目〉

（以出版年月先後次序排列）

1. 正中形音義綜合大字典　高樹藩編纂
正中書局發行印刷
一九七一年三月臺初版

2. 查字典　上海教育出版社出版
一九八七年八月一版一刷

3. 漢語古文字字形表　徐中舒主編
文史哲出版社出版
一九八八年四月再版

4. 有趣的部首　布裕民著
現代教育研究社有限公司出版
一九八八年版

5. 常用古文字字典　王延林編著
文史哲出社出版
一九八九年十月台一版

6. 漢字部首字典　王延林編
上海書畫出版社
一九九〇年一月一版一刷

7. 現代漢語常用字形義淺析
文業芬、李崇明編著
廣西師範大學出版社出版發行
一九九〇年八月第一版二刷

8. 象形文字　陳冠學編著　三民書局印行
一九九一年四月五版

9. 漢字部首例解　周萬春著
知識出版社出版發行
一九九一年七月一版一刷

10. 常用國字標準字體表　正中書局印行
一九九二年八月臺第四版第十次印行

11. 說文解字注　黎明文化事業公司出版
一九九二年十月九版

12. 辭典部首淺說　蔡信發著
漢光文化事業公司出版
一九九二年十月卅日三版

13. 文字學概說　林尹編著　正中書局印行
一九九二年十二月臺初版第十八次印行

14. 說文解字部首講疏　向夏編寫

書林出版社印行　一九九三年二月初版

15. 部首手冊　教育部編著
國語推行委員會發行
一九九三年二月二日台初版

16. 常用字探源（一）　曾忠華著
五南圖書出版有限公司
一九九三年九月初版二刷

17. 認識國語部首　吳啟振編著
國語日報出版社
一九九四年三月第二版

18. 怎樣學習說文解字　章季濤著
萬卷樓圖書有限公司發行
一九九四年六月初版三刷

19. 中國文字學通論　謝雲飛著
臺灣學生書局印行
一九九四年九月第十次印刷

20. 常用漢字演變圖說　吳頤人編著
上海書局出版
一九九四年七月一版一刷

21. 小學生國語辭典　邱德修審訂
五南圖書出版公司印行
一九九四年八月初版一刷

22. 說文相關部首探原　劉至誠著
文史哲出版社印行
一九九四年九月初版

23. 中國古代社會　許進雄著
台灣務印書館
一九九五年二月修訂版一刷

24. 漢字部首詳解　倪永宏著
人民教育出版社出版發行
一九九六年一月一版一刷

25. 漢字演變五百例　李樂毅著
北京語言學院出版社
一九九六年一月一版三刷

26. 字裡乾坤　王宏源著　文津出版
一九九七年四月初版一刷

27. 漢字部首淺析　潘自由著
內蒙古科學技術出版社
一九九七年九月一版一刷

28. 常用字探源（二）　曾忠華著

五南圖書出版有限公司
一九九七年十一月初版一刷

29. 漢字部首講解　左民安　王盡忠合著
福建人民出版社
一九九八年六月一版一刷

30. 漢字形義分析字典　曹先擢、蘇培成主編
北京大學出版社出版
一九九九年一月第一版一刷

31. 常用國字標準字體筆順手冊
教育部國語推行委員會編輯
教育部發行
一九九九年二月修訂版

下冊索引

國家圖書館出版品預行編目資料

趣味的部首 / 王志成 ,葉紘宙著 ,葉紘宙文字畫.
--初版. --臺北市: 文史哲, 民 90
面 ; 公分
ISBN 957-549-379-6 (上冊:平裝).-- ISBN
957-549-380-x (下冊:平裝).

1.中國語言 － 文字

802.21

趣味的部首　下冊

著　者：王志成葉紘宙
出版者：文史哲出版社
文字繪畫：葉紘宙
登記證字號：行政院新聞局版臺業字五三三七號
發行人：彭正雄
發行所：文史哲出版社
印刷者：文史哲出版社
臺北市羅斯福路一段七十二巷四號
郵政劃撥帳號：一六一八〇一七五
電話 886-2-23511028・傳真 886-2-23965656
實價售價新台幣 二00元

中華民國九十年八月初版

ISBN 957-549-380-x